新科学家怪谈

Does anything eat

WASPS

有谁吃黄蜂吗

编著【英】米克·奥黑尔
译者 梁洋子

CNS PUBLISHING & MEDIA 湖南科学技术出版社

简介

1994年，《新科学家》（*New Scientist*）杂志新增每周专栏《最新答案》（*The Last Word*），向读者征集趣味科普问题和答案。当时，一位杂志编辑让大家预计这个专栏能够持续多久，答案从十二个月到五年不等。有人说："如果能持续十年，那我会非常吃惊。怎么可能有那么多问题，五百多周都问不完？"

十一年后，《有谁吃黄蜂吗》（*Does Anything Eat Wasps*）这本书诞生了，书中风趣幽默又略显深奥的科普问答就是从这个经久不衰的专栏中挑选出来的。仅在过去的五年中，读者就和我们分享了诸多有趣的知识，比如，人要多胖才能刀枪不入？为什么深色酒精饮料比浅色酒精饮料更易引起宿醉？如何判断云中的含雨量？为什么吃青土豆会有危险？有人曾在专栏中问道：为什么添万利（Tia Maria）和奶油会产生剧烈反应，西班牙和美国的一组研究员受此启发，着手研究并找到其中的奥妙。你可以通过本书了解到他们的奇妙发现。

为什么这个专栏能取得出人意料的成功？同事们都说我的工作是最

轻松的，因为《最新答案》一直是由《新科学家》的读者们的热情所驱动。如果没有他们源源不断的付出，就不会有这个专栏，更不会有你正在阅读的这本书。我们每周都会收到无数读者的问题和答案。这本书见证了他们的付出。

如果你喜欢阅读这些趣味问答，欢迎购买《新科学家》周刊或登录 http://www.newscientist.com/lastword.ns，发布你的问题或回答他人的疑问。请记住，《最新答案》致力于解决生活中的小问题。我们虽然没法解开人类生存的奥秘，但我们可以告诉你为什么茶中加入柠檬汁会变色。我们虽然不知道在别的星系有没有生命存在，但我们知道怎么让你的巧克力棒产生气泡。我们只能解答这些微不足道的问题。

1994 年，那个持怀疑态度的编辑曾答应，如果《最新答案》专栏能够坚持到 2004 年，他就举办一个盛大的庆功派对。他一直在等待这个专栏举白旗失败的那一天，而我则一直在等待庆功派对到来的那一天，到时候我一定会邀请所有为《最新答案》的成功付出了辛勤汗水的人。

米克·奥黑尔

专栏编辑还要特别感谢 Jeremy Webb、Lucy Middleton、Alun Anderson 和《新科学家》杂志的校对与制作团队，你们的帮助使得这本书比预期更棒。

第一章

我们的身体

第二章

植物和动物

第三章

生活中的科学

第四章 我们的宇宙和地球

第五章 麻烦的交通

第一章

我们的身体

动听的歌声

Q.

克里斯·牛顿
英国格洛斯特郡 莫顿瓦朗斯

我和朋友 Paul 唱歌都不跑调，他的歌声美妙动听，像极了歌唱家布莱恩·特菲尔，而我唱起歌来却像一只受伤的河马。究竟是身体的哪些构造决定了一个人的歌声是否好听呢?

A.

大卫·威廉姆斯
澳大利亚新南威尔士州 新兰顿高峰

和所有乐器一样，人类的音质是由共振决定的。人们曾在一位优秀的意大利男高音歌唱家去世后，仔细研究他的喉部，但空气经过他的声带时发出的声音并没有什么特殊之处（就像对着一颗覆盆子吹气或是挤压一个放屁坐垫所发出的声音）。

声带的基本振动佐以适当的谐波才能成就歌剧般美妙的声音。其中一部分是由不可改变的身体构造所决定的，比如牙齿、下巴和鼻窦的形状和密度；另一部分是由歌唱家对于口腔后部口咽部分的控制所决定的，而这是可以通过训练而改善的。所以，那些拥有美妙嗓音的人大概只是恰好口咽部分的构造刚好合适吧！

A.

声音是由气流冲过喉部时产生的，而喉部的前端——也就是男士的喉结部位——是清晰可见的，而在喉部的后端是声带，这两块肌肉的厚度、区域、形状和松弛度都是可以控制的。当你呼吸时，声带是张开的，但当你发声时，它们则靠得很近，声带下端的气压不断增加直至冲过声带。当气流释放气压减小后，声带又一次闭紧。重复这个过程所产生的气流振动频率决定了声音的音调。

无论是说话还是唱歌都是通过调节气流发音的。辅音将气流分割成不同区域，元音是将这些不同区域连接起来的声音。字母 w、y、l 和 r 则介于两者之间，收缩气流并改变声学特质。气流离开喉部后，经过食道上端的口咽部，进入口腔。这些构造的工作原理和铜管乐器类似，声带就像吹嘴，嘴唇就像喇叭口。气流进入任何管道都会引起共振，而这个频率叫做共振峰。成年男子声音最低共振峰约为 500 赫兹。通过拱起舌头、抬高下巴、改变嘴形或者改变喉部位置的方法来改变发声管道，可以升高或者降低共振峰频率。在一定程度上，我们做这些改变时都是无意识的，而歌手则能很好地控制每一个发声部位。

歌手发声时还有另一个共振峰，较窄的喉部和较宽的口咽部的相交点与声带之间的短管道中形成一个驻波，人们认为它引起了另一个共振峰。从声学的角度来看，在喉部和口咽部的相交点形成了阻抗失配①，一部分的声能反射回声带。因为声音管道较短，这个效应在人们平常说话时并不强烈，当没有经过专业培训的歌手提高音调和音量时，他们的喉部倾向于提高，声音管道因此缩短。相比之下，经过专业培训的歌手能够降低喉部，增长声音管道，使得效应更加显著。这既能增加声音的清澈度和现场感，也能使得音质更加浑厚和饱满。歌手共振峰由此而来，它的频率低至 2400 赫兹，高至 3200 赫兹，女高音歌唱家的频率可以达到更高。

①阻抗失配：阻抗失配主要用于传输线上，以此来达到所有的高频的微波信号均能传递至负载点的目的，而且几乎不会有信号反射回来，从而提升能源效益。信号源内阻与所接传输线的特性阻抗大小相等且相位相同，或传输线的特性阻抗与所接负载阻抗的大小相等且相位相同，分别称为传输线的输入端或输出端处于阻抗匹配状态，简称为阻抗匹配。否则，便称为阻抗失配。

A. **瑞查德·霍尔德**

英国剑桥

振动的气流由一个基本频率和一系列谐波组成。它们的强度经共振峰改变后形成元音。歌手通过控制各个发声部位，发出美妙的声音，控制音量的变化，表达动人的感情，这便是歌唱的艺术。

成为一个优秀的歌手和成为一个钢琴演奏家都需要高难度的技巧，但声音相对娇贵且脆弱，总有一天会消逝。

音准好的人却唱不好歌有很多原因。可能是他们的声带所产生的频率范围和共振峰不符，比如男低音却拥有男中音的共振峰；也可能是他们的声带振动不规则；还可能是他们的声带关闭不正确或者声带太干而不能正常工作——酒精和香烟会使声带黏膜变干，不能正常润滑。

挫伤淤青

瑞克·罗斯
英国伯明翰

挫伤淤青的颜色为什么会几经改变最终消失呢？我可以理解它为什么会发红或者发紫，但是为什么会变成黄绿色呢？而且为什么挫伤一两天后淤青才出现呢？不是应该一受伤就流血吗？

卡瑞尔·艾登
西澳大利亚贝尔蒙特

挫伤淤青的成因是皮肤下的毛细血管破裂。破裂血管中的血红蛋白导致挫伤部位发红发紫。此时身体调动白细胞去修复受伤部位，分解红细胞。这个过程中所产生的物质导致了挫伤部位的颜色变化。

血红蛋白被分解后的产物是绿色的胆绿素和黄色的胆红素。随后，挫伤部位的碎屑被清除，淤青也就随之褪去。

清除坏死红细胞也是同样的过程。白细胞中的巨噬细胞可以分解脾脏、肝脏、骨髓和其他组织中坏死的红细胞。分解过程中所产生的胆红素被肝脏利用，转化为胆汁，并用于食物的消化。粪便的颜色其实也是由胆红素所决定的。

A. **斯图尔特·劳埃德**
英国林肯郡北部 布里格

因为挫伤可以引起身体组织的深层伤害，所以淤青往往需要很长一段时间才会出现。皮肤下的身体各部位有序分布——各自独立的肌肉和器官被网状纤维组织分离开（肉铺贩卖的肉块所呈现出的清晰纹路就是网状纤维组织）。当血液从受损血管流出时，这些网状纤维组织通常阻碍血液快速到达皮肤表层，此外血液扩散到皮下组织也需要一定的时间。

纤维组织鞘同样可以解释为什么淤青部位有时与受伤部位有一定距离——血液顺着纤维组织鞘在下层流动，直至纤维组织尽头才出现在皮肤表层。

宿醉

Q.

瑞查德·金
英国格拉斯哥

我最近在一本苏格兰国民健康服务组织发行的小册子上看到，酒精饮料的颜色越深，宿醉就会越严重。因为深色酒精饮料中含有“同属物”这种物质，所以与伏特加或者白葡萄酒相比，威士忌、红葡萄酒和白兰地带来的宿醉更加严重。经过实验后，我发现事实的确如此，但这真的是同属物造成的吗？如果是，那么同属物到底是什么物质，又有什么作用呢？

A.

艾瑞克·艾伯
英国约克郡东部 赫尔

许多人喝酒精饮料就是为了其中的乙醇成分，但许多酒精饮料中还含有另一种叫做同属物的生物活性成分。同属物中包括多酚等复杂有机分子、甲醇等其他酒精物质和组织胺。它们和乙醇都是制酒发酵或者酒陈过程中的产物。

同属物常被认为是酒中致醉进而引起宿醉的主要因素。深色酒精饮料中含有较多的同属物成分，例如威士忌、白兰地和红葡萄酒，与之相比，仅以乙醇为基础的酒，例如伏特加，引起的宿醉症状会轻得多。

同属物中的甲醇成分才是真正的罪魁祸首。人体代谢甲醇和乙醇的方式虽然相同，产物却截然不同。乙醇分解后变成乙醛，而甲醇分解后的主要产物是甲醛，它的毒性比乙醛更强，高浓度还可造成失明或者死亡。乙醇可以抑制甲醇代谢，这也是为什么“以酒解酒”的办法可以缓解宿醉症状。

研究表明，不同酒类导致的宿醉程度依次递减：白兰地、红葡萄酒、朗姆酒、威士忌、白葡萄酒、杜松子酒、伏特加和纯乙醇。

蛇毒与砷毒

达伦·福克斯
英国德比郡 伊肯斯顿

我正在阅读《致命一剂：作家笔下的毒药》（*Deadly Doses: A Writer's Guide to Poisons*）一书，并由此想到两个问题。上学时，生物老师告诉我们：喝下蛇的毒液也有可能存活下来，因为毒液是一种蛋白质，会在消化过程中被分解。但是这本书中却说喝下蛇的毒液会致命。谁说的是对的呢？多萝西·L·塞耶斯（Dorothy L. Sayers）在《烈性毒药》（*Strong Poison*）一书中提道，人类可以逐渐提高对砷毒的抵抗能力，进而百毒不侵，这有可能吗？①

艾莉丝特·斯克特
瑞士 格朗

我曾经见过赞比亚蛇类专家亚历克·钱达（Alick Chanda）少校从一只活的鼓腹蝰蛇中提取毒液，放入酒杯，一口喝掉，却没有任何不良反应。

蛇的毒液由多种蛋白质混合而成，具体成分因品种而异。毒液可以分为三大类：细胞毒素、神经毒素和出血毒素。蝰蛇和蝮蛇分泌细胞毒素，攻击细胞和组织；眼镜蛇和树眼镜蛇分泌神经毒素，影响神经系统；非洲树蛇和鸟蛇等后毒牙蛇分泌出血毒素，影响血凝过程。无论哪种蛇毒，都需要进入血液循环，毒性才会发作。在你的胃肠道没有损伤的情况下，如果你吞下蛇毒，其中的蛋白质会被分解为无毒的氨基酸并被人体吸收，

①编者按：读者朋友们需清楚，虽然我们对于“安全”的定义各有不同，但上述物质都是非常危险的，需要极度谨慎处理，不要以任何形式摄入体内。

与普通蛋白质消化过程无异。

砷则完全不同。它作为一种元素，不受消化过程的影响。仅仅 65 毫克的砷就具备毒性，无论是一次性大剂量的摄入，还是反复多次小剂量的摄入，比如吸入砷气体或者颗粒，或者引用被砷污染的水，都会致毒。

有些人在小剂量反复摄入砷之后，对其抵抗能力有所增强。公元前 2 世纪，本都国王米特里达梯四世（King Mithridates Ⅳ）就曾成功使用这种方法来抵抗砷中毒，但是当他在庞培之战失利后，企图服毒自尽，却未能遂愿，最后只得用利刃了结自己的性命。还有报道称，俄国尼古拉二世时的神秘主义者拉斯普京长期服用砷毒，以防别人下毒杀害自己。

然而，这些关于抗毒能力的说法并没有任何确凿的科学依据。众所周知，小剂量的砷可以致癌。孟加拉国的水井曾被砷污染，当地居民不幸被毒害，从中便可看出，即使是小剂量的砷，其毒性也是非常致命的。

A.

约瑟夫 · F. 热内罗（退休教授）
美国盖恩斯维尔 佛罗里达大学医药学院

在美国，驯蛇师经常在路边公园和游乐园展会上演驯服毒蛇的表演。曾经有一位来自佛罗里达州名为罗斯 · 艾伦（Ross Allen）的人，他将响尾蛇的毒液提取到杯中，并一口喝下，这件事一度闹得沸沸扬扬。之后，他虽然没有出现任何明显的病状，但他说有段时间“吹口哨挺困难的”。

但是，让动物口服高浓度的蛇毒会造成致命的后果。曾经有这样一个实验：人们让动物摄入了它们的胃能够容纳的最大限度的蛇毒剂量。如果将这些蛇毒静脉注射入动物体内，这些计量则是 LD50 的好几万倍——LD50 指的是杀死 50% 实验动物所需的蛇毒剂量。如果让动物口服蛇毒，并在之后给予抗毒血清，人们最终发现致命因素还是蛇毒本身，而不是其消化分解后的副产品。

A.

克雷格·菲茨帕特里克

西澳大利亚 埃斯特考特

人类对砷的抗毒能力是可以增强的，这样，即使是服下足以致命的剂量，也可以幸免于难。

砷元素有剧毒，因为它会与新陈代新中重要的蛋白质结合，进而使其失去活性。但是，人体中一种名为金属硫蛋白的酶可以使砷失去活性，同时砷可以诱导肝脏合成更多金属硫蛋白。如果长时间服用小剂量的砷，那么这种酶的合成就会更加频繁，背景值也会升高。

人体对酒精的新陈代新也是同样的机制。

A.

约翰·瑞奇菲尔德

南非西萨默塞特

只有傻瓜才会服用蛇毒，如果消化道黏膜有任何伤害，那么毒素就会进入血液循环，这是非常危险的。

虽然蛇毒被注射入人体时毒性更加致命，但是当蛇毒被服用时，其中所含的损害组织的酶使得毒素进入人体脏器。这不仅对孩童很危险，而且成人在吞下小剂量的剧毒蛋白质（比如蓖麻毒蛋白）后也有可能丧命。人体脏器内的酶分解剧毒蛇毒时速度过慢，以至于不能起到保护作用，而且许多蛇毒还会阻碍或者抑制消化蛋白酶。

从神话传说到江湖骗术，从以讹传讹到夸张故事，关于抵抗砷毒的说法形形色色。化学成分影响物质的毒性（亚砷酸盐比砷酸盐和硫化物的毒性更强），而且人体脏器更难吸收粗结构、难溶解的物质。小剂量的可溶性砷不仅难以增强人体抗毒能力，而且日积月累非常危险。

多萝西·L·塞耶斯的小说虽然有趣，但是凶手如果使用这种方式，可能还没来得及行凶就已经死了。

眉毛

Q.

本·霍蒙斯
加拿大埃德蒙顿

为什么人类有眉毛？

A.

王莱里·希金斯
英国什罗普郡 特尔福德

我的父亲因患有脱毛症而没有眉毛。天热的时候，汗水会流进眼睛里，让人觉得不舒服；下雨的时候，他也得不断抹去眼旁的雨水。由此可见，人的眉毛可以阻止汗水和雨滴直接流入眼睛。没有眉毛真的会挺不舒服的。

A.

艾莉森·韦格伯恩
澳大利亚首都特别行政区　恩古那瓦

我们常常运用灵活的眉毛来表达情绪。眉毛的位置可以强调人的表情，并让别人准确感知出一个人的情绪。这样很容易看出一个人是平易近人还是难以接近。

笑有很多种：欢乐的笑、满意的笑、色眯眯的笑、得意的笑、生气的笑等。眉毛的位置使表情更加明显，进而透露出一个人的真实感受。

我有个朋友曾在她的额头皱纹处注射肉毒杆菌，之后她的眉毛就无法上下挑动。 我在跟她聊天时感觉非常疏远，因为她的额头以下的面部表情灵活，但是她的眉毛却没法儿动。我无法通过她的表情来判断她的心情，只能从她的动作和语言中寻找线索。那时我才意识到眉毛在表达情意时的重要地位。[①]

虽然只有人类的眉毛生长在光滑的皮肤上，但是许多灵长类动物都可以通过眉毛来传递各种信息。

①编者按：眉毛在表达情绪的过程中起到重要作用。“挑眉”或许是最为重要，这种眉毛的上下快速运动可以传达赞许和认同等信息。对我们的祖先来说，这个可以远程传递友善信息的动作还拥有求生的意义。

刀枪不入

Q.

沃德·旺·罗斯托姆

电子邮件，未提供地址

人要多胖才能刀枪不入？人的脂肪层要多厚才能阻挡一颗手枪子弹射入重要器官？最近看到有人说至少需要 500 千克，我觉得难以置信。

A.

托马斯·拉伯特

英国德比郡 巴斯洛

子弹对目标造成的伤害有两种衡量标准，一种是穿透的深度，另一种是每厘米穿透所造成的组织伤害数量。人们通常通过实弹射击与人体皮肤组织的脂肪层黏度、密度等物理性质相同的厚黏性凝胶块来得到这两个数据。

多克立（K. Dockery）和塔索瑞恩（R. Talsorian）在《现代火器汇编》（*Compendium of Modern Firearms*，Games, 1991）一书中提到，一发最常见的 9 毫米手枪子弹可以穿透大约 60 厘米厚的人体，平均每厘米穿透造成 1 立方厘米的伤害。在现实生活中，子弹穿透的距离通常短一些，因为子弹会撞到骨头或者穿过目标。此外，这个数据只是基于一般的身体组织平均状态。因为脂肪的紧实度和密度大约比肌肉小 10%，所以 60 厘米厚的脂肪层可能不够阻挡子弹。

刀枪不入的身躯虽然听上去挺不错，但是 60 厘米厚的脂肪也一定会带来不少健康问题。

A. 汉斯·尤里斯·马思特

德国埃尔丁

如果把手、脚、眼睛、耳朵和男性生殖器等附属器官都列入考虑范畴，那么人体是不能彻底防弹的。即使皮肤厚到足以阻止子弹，子弹产生的冲击波也会严重伤害内脏器官和皮下神经网络。霰弹猎枪就是这个原理，子弹可以不穿透皮肤就夺走生命。

子弹射入身体的深度由许多因素决定，比如子弹的能量、直径、质量、形状和材料。步枪和手枪的子弹直径为 5~15 毫米，能量为 70~7000 焦耳。一把普通警用手枪的子弹直径为 9 毫米，初始能量为 500 焦耳。警用手枪在 5 米之外射击黏性凝胶块，子弹穿透深度通常为 30 厘米左右。

想要测量这么厚的脂肪层有多重，我们必须从测量人体表面积开始。测量人体表面积有几种公式，我使用的是莫斯特勒（Mosteller）公式，身高厘米数乘以体重千克数，所得结果开平方再除以 60，就得到了以平方米为单位的个人体表面积。一个身高 175 厘米、体重 75 千克的男人，通过该公式得到的体表面积为 1.91 平方米。如果这些区域都覆盖了厚度为 30 厘米、密度为 1 克每立方厘米的脂肪，那么重量至少为 573 千克。在此基础上再加上身体其他部分的重量，也就是说，一个人体重至少要 650 千克才能阻挡子弹。

化石标本

D. J. 托普森
英国弗林特郡 霍利韦尔

我想在死后成为化石。有没有什么方法可以帮助我实现这个想法？我应该怎么处理我的遗体？把它埋在什么地方？需要多久我才能成为化石呢？

汤尼·威尔
英国贝德福德郡 安特希尔

你想成为化石？这倒是个挺让人敬佩的想法，但你的起点可不太好，要是你拥有坚硬的矿化外骨骼并以海为生，那么你成为化石的可能性才会大一些。我们先来看看你现在具备什么条件：一具内骨骼和一些柔软的外部成分。

你先不用考虑柔软的外部成分。如果你去登山或者滑雪，却坠入冰川裂隙，你可能会成为一具干瘪的木乃伊，这并不是成为化石的过程。如果你真的想在地质时期的灾难中逃过一劫，你必须非常重视牙齿和骨骼。它们的化石化过程涉及额外的矿化作用，所以你最好提前思考你的饮食习惯：奶酪和牛奶会增加骨骼中钙的含量。同时，牙齿保养也非常重要，长远来看，它们最有可能出现在你的化石标本中。所以一定要找个优秀的牙医，并定期预约检查。

在这之后，最重要的就是地点。你必须找一个常年无人打扰的地方安魂。洞穴就是个不错的选择，所以你最好开始接受洞穴探索训练，并找到一个离家不远的合适地点。

或者，你可以选择快速埋葬。我不是说黄页广告中的快速殡葬服务，而是更加贴近自然、更加戏剧化的埋葬，伴随着远方岩浆迸发的轰轰声和那句没有说完的疑问“那是什……？”

你可能需要四处寻找这样的机会。山洪暴发的季节，在沙漠干河谷中野营就是个不错的选择。暴雨时分，徒步穿越热带河流洪泛区也可以如你所愿葬身于无氧泥沼之中。或者在活跃的火山旁享受冒险野餐？但是在这之前你还需要了解一些地质知识，因为你需要被火山灰埋葬，而不是被火山岩浆吞噬。

说到野餐，我就想起胃内食物化石可以提供有用的古生物饮食信息，所以最后一餐一定要分量充足。披萨和汉堡不能持久，相比之下，贝类食物和种子很大的水果（你必须把它们都吞进胃中）可能会引起未来科学家的兴趣。

最后，遗迹化石（表明动物行为的化石）同样非常受欢迎。所以留下一串指向你最终方位的脚印非常有价值。步伐要整齐，不要蹦跳，这样后人才能研究出你真正运动的方式。

当然，你赢得彩票的概率都比成为化石的概率大。但是如果你下定决心要成为化石标本，请与我保持联系。地质学家们一直在寻找有趣的标本，所以请一定告诉我们你的位置。我们可以安排在一百万年后把你挖掘出来。

A.

大卫·邓肯

加拿大艾伯塔省 卡尔加里

50 年前，当我在苏格兰圣安德鲁斯大学学习地理时，我就知道了这个问题的答案。当时我读到一首诗解释了这个问题， 但是我已经忘记了诗人的名字和诗的名字。我现在根据记忆把它写下来，个别措辞可能有些出入——

写给巴克兰（Buckland）教授的挽歌

我们该在哪儿埋葬伟大的教授，

他才能在安详平静中沉睡？

如果我们为他打造坚石的墓碑，
他一定会起身打碎石碑，
仔细检查每个地层，
因为这是他的兴趣所在。
如果我们在普通冲积土上
用鹤嘴锄和铁锹埋葬他的遗体，
他一定会一把夺过这些工具，
说起他对地质学科的辛劳付出，
教授不屑如此年轻的地层
存放他的器官遗骸。
春天的露珠使表面硬化，
他的遗骸被钟乳石覆盖，
当他被硬壳包围时，
圣人让我们将他带到牛津；
在这里，于猛犸象和鳄鱼之中，
他成为屹立不倒的丰碑。[1]

A. 约翰·罗德

荷兰赖斯韦克壳牌国际勘探队

你不太可能在死后成为化石，但是，你的遗体如果被葬在海里，那么这个概率会大一点。你必须确保海水非常深，因为浅海区域水流汹涌，各种各样的水生生物会把你的遗体吃光。你的遗体如果入土安葬，易受风化腐蚀的陆地环境会大大减小你成为化石的概率。但是，深海区域生

①编者按：大卫·邓肯 50年前记忆中的这首诗只有几处与原文有所出入。《写给巴克兰教授的挽歌》由理查德·惠特利（Richard Whately）于1820年创作而成，这部分关于钟乳石防止尸体腐坏的描述出现在诗的后半部分。威廉·巴克兰（1784—1856）曾在牛津大学任教，是当时最著名的地质学家之一。他的古怪性格人尽皆知，他曾声称食用过动物界的所有生物。当巴克兰偶然发现一个存放着过世法国国王心脏的小盒子时，与他同时代的学者奥古斯斯都·哈尔(Augustus Hare)这样写道："他欢呼起来，'我吃过那么多奇怪的东西，但还从没吃过国王的心脏，'大家还没来得及制止他，他就大口大口吃了起来，珍贵的文物也就从此消亡。"

物稀少，海床之下更是少之又少，如果你能把遗体葬在那里就好了。你一定要确保你的安葬地点远离地壳潜没区域，不然你的遗体会被岩浆吞噬。

上好的黏土会帮助保护你的身体结构，等你的遗体碳化后，石化过程也就随之开始。遗体上方的黏土密封使得这个过程大约需要二十万年的时间。

当然，把你的遗体密封在琥珀之中保护效果是最好的，但是你之后还要把琥珀埋藏在一个稳定的环境中，这也并不容易。

最后，你要在遗体上穿戴一个刻有名字的黄金饰品，这样未来的人们才能确认你的身份。这块黄金可能都会比你的遗体留存得更久一些。②

②编者按：感谢牛津大学自然历史博物馆提供巴克兰的生平故事，网址链接 www.oum.ox.ac.uk/geocolls/buckland/bio1.htm。

人的头部有多重？

布鲁斯·福斯坦
美国佛罗里达州 迈阿密

人的头部有多重？我可以通过水置换法轻松计算头部的体积，但是我既不知道脑部的密度，也不知道脑子各组成部分的密度和重量。哪位读者可以帮帮我吗？

安迪·菲利普斯
英国萨默塞特 滨海伯纳姆

你在测量头部重量时需要把它和身体的其他部分分开。如果把你的头砍下来测量，那你就没法活着看到结果啦。但是，办法还是有的。你的颈椎骨负责支撑头部重量。如果你双手倒立，你的颈部椎骨会因为头部重量牵引而稍微分开。

你只需保持倒立姿势，缓慢向下将头部置于秤上，就可以轻松测量你的头部重量。你需要使用超声扫描仪一直观察你的颈椎骨上端和你头骨的距离，当椎骨向头骨移动的瞬间，马上停止移动并且读出秤上的重量。因为你的颈部此时没有给你的头部任何压力，头部跟颈部处于分离状态，此时测量的头部重量是非常精准的。

安迪·威尔斯

英国苏格兰高地 斯佩河畔格兰敦

我是一名独木舟和皮划艇运动员。记得当我在学习爱斯基摩翻滚这个动作的时候，我的教练告诉我，不论我多么需要换气呼吸，我的头部都一定是最后浮出水面的。他说人的头部平均重量为 4.5 千克左右。但是，当我只使用一只划桨做爱斯基摩翻滚时，头部的重量也是非常重的。①

为了测量头部的体积，《新科学家》杂志社的一位光头志愿者把他的头部浸入了一个装满水的桶子中。在志愿者能够忍耐的程度下，水的温度接近 0℃，志愿者的头部垂直向下，直至下巴底部浸入水中。水桶放置在一个大水盆中，水盆中收集了从水桶中溢出的水，这些水的体积将被测量。这个实验过程重复了五遍。溢出的水的平均体积为 4.25 升，也就是说人的头部重量约为 4.25 千克。

①编者注：安迪·威尔斯记忆中的头部重量似乎是正确的。我们无法直接测量头部的重量，但是我们可以测量它的体积并估计它的密度，因为脑袋和身体其他部分一样大部分是由水构成的，水在 0℃时的密度我们也是知道的。

溴化物能降低性欲吗?

克洛伊·迪尔
英国爱丁堡

我有一个朋友跟我抱怨过他的爱人欲望过剩，我在保罗·费理斯（Paul Ferris）的《欲望和英国人》（*Sex and the British*）一书中读到，士兵们在茶中加入溴化物以压制欲望。我可以把这种做法推荐给我的朋友吗？如果可以，我在哪里能买到溴化物呢？剂量多少合适呢？

马克·威尔
英国埃塞克斯郡 布伦特里

19 世纪，溴酸盐被广泛用作镇静剂，治疗从癫痫到失眠的各种疾病。人们认为溴酸盐可以“降低大脑的兴奋程度”。正常剂量为每次 5 至 30 粒，每天数次（13 粒大约为 1 克）。19 世纪上流社会的孩子认为收到一个属于自己的盐瓶是一件非常开心的事情。他们相信这代表着他们在家族中的地位上升了。但是，盐瓶中却混杂着能够让孩子们更听话的溴酸盐。

约翰·罗兰
英国德比

溴化物常被用作镇静剂，降低性欲其实只是副作用。爱弥尔·左拉（Emile Zola）的小说中就曾提到用溴酸盐当作安眠药，这证明了它的功效在 19 世纪就已经被发现。喜剧演员兼作家斯派克·米利甘（Spike

Milligan）在《隆美尔将军，那谁是炮兵？》（*Rommel, Gunner Who？*）一书中提到了用溴酸盐来降低性欲，“我认为溴化物的作用一点也不持久，唯一能够压制英国士兵欲望的办法就是在 300 磅的炮弹中装上溴化物，然后朝着他们的下半身开炮。”

克莱夫·哈瑞
英国剑桥

20 世纪 50 年代，我在英国皇家空军担任医生，负责药房工作和仪器检查，我可以负责任地说士兵茶水中加入溴化物只是个传说罢了，但许多刚刚入伍的新兵坚信他们的性欲下降一定是茶中的溴化物造成的。

大卫·艾略特
英国伦敦

我在 1945 年底入伍，至今还记得当时茶水中加入溴化物的传言。茶虽然非常难喝，但是除了一些容易上当的士兵之外，我们大部分人认为这只是给新兵一个警示。性欲下降的真正原因是令人精疲力尽的体能训练。我们最想做的事情就是睡觉。

吱吱作响

Q.

道恩・汉娜
加拿大北温哥华

今早，我三岁的儿子问了一个问题，把我难倒了。他徒手抹窗户，问为什么他的手会在玻璃上吱吱作响。我不知道原因，有人知道吗？

A.

瑞查德・汉娜
英国萨福克郡 伊普斯维奇

在很多情况下，擦拭的动作会转化为高频振动，最常见的原因就是摩擦振动。

当你在一个物体表面推动另一个表面，两物体接触面间的摩擦力会阻止其相对运动。但是，当推力增加到一定程度克服摩擦力时，物体开始滑动。在这一阶段，推动物体所需的力减小，两物体表面间开始打滑。

如果其中一个物体具有弹性，比如皮肤，它会因为力的增大而扭曲变形。当指尖的滑动因摩擦力而受阻时，皮肤一开始会因向前推动的力而变形，然后在滑行开始后几近恢复原状。但因为形状改变，摩擦力又进而增大，手指的运动瞬间停止，同时皮肤又一次发生变形。稳定推动手指会每秒产生上百次皮肤扭曲变形，最终形成可听见的声波。

但是，为什么摩擦会产生这种现象呢？所有物体表面在微观上都是粗糙的，当物体表面接触时，只有最突出的部分真正接触，它们具有阻止任何运动的倾向。当推力增大时，接触表面也在增大，因为像皮肤这样的所有柔软表面都会扭曲变形以适应另一粗糙表面。因此，阻止运动的摩擦力增大。当手指开始滑动时，最突出的部分相互弹开，减少对运动的阻碍。

A.

马丁·詹姆斯
新西兰奥克兰

皮肤不会发生噪声，但是玻璃会。从纸到钛的任何材料在适当的刺激下都能产生振动。玻璃也不例外。窗户玻璃和其他任何材料一样拥有固定的泛音列，不同的摩擦会产生不同“音符”和谐波。

不仅手指可以使玻璃吱吱作响。当用清洁剂或者报纸清洁玻璃时，玻璃会发出更大的声响和更高的音调。如果你在一块很大的玻璃上缓慢移动纸张，你会听到一个能使整块玻璃振动的低沉声响。如果你在一块很小的玻璃上快速移动纸张，你会听到一个让人全身难受的刺耳声响。

生命之结

杰克·怀特
美国密歇根州 格林维尔

助产士真的会在婴儿出生后将其脐带打结吗？如果不是这样，那他们会进行什么样的外科手术呢？在现代医学普及之前，他们又是怎么做的呢？

莎拉·凯瑞特
英国东萨塞克斯郡 布莱顿

脐带由三根血管和其周围的华通氏胶质构成，它们外部由鞘包裹。这使得脐带非常粗，以至于无法打结。在医学设备触手可及的今天，医生会用一个塑料夹钳压紧脐带，切断血液供应，然后在夹钳上端用剪刀剪断脐带。

夹钳可以用干净的细绳、坚韧的皮绳或草绳等一切可以系紧脐带的东西代替。剪刀也可以用小刀、锋利的打火石或者是锐利的牙齿代替。

三天后取下夹钳，脐带会在出生五至十天内自行脱落。

玛丽·克洛 助产士
英国埃塞克斯郡 科尔切斯特综合医院

我是一名助产士，据我所知，从来没有人真的在婴儿出生后将其脐带打结。

现在，在婴儿出生过程中，助产士会在脐带上固定两把动脉钳。用无菌的手术剪在两把动脉钳之间剪下，从而分离胎盘。然后，她会将塑料夹钳固定在婴儿侧的脐带上，距离肚脐眼大约 2.5 厘米。余下的脐带会在几天之内萎缩并脱落。

这和以前的方法有所不同。在 20 世纪 60 年代我接受培训的时候，助产士采用相同的步骤，但用的是无菌的橡皮筋。在这之前，助产士还曾用细绳来扎紧脐带。

A.

劳勃 · 艾夫斯

英国坎布里亚郡玛丽波特

九年前我女儿出生的时候，她的脐带是用一把小小的塑料夹钳夹紧的。几天后，脐带就自行萎缩脱落了。之后，我们发现那把夹钳非常适合用来密封什锦麦片的包装。但是，几年后它终于坏了，我们不得不再生个孩子。现在小儿子用过的夹钳还挺好用的。

被斩首是什么感觉?

Q.

威廉·怀德
英国牛津

被砍头疼吗?如果疼,那么被砍下的脑袋的疼痛感能持续多久呢?

A.

戴乐·麦克林
英国剑桥大学

砍头当然疼。侩子手的技术决定了疼痛的程度。

1587 年,当苏格兰玛丽女王在福瑟临黑城堡被斩首时,笨拙的侩子手砍了三下都没有让她人头落地。他不得不用带鞘短刀锯开皮肤和软骨才最终完成使命。玛丽女王在斧头第一次落下时发出的呻吟深沉而持久,惊恐的围观群众都能感受到她难以忍受的痛苦。

人在砍头后多久失去意识?在断头台盛行时期的法国,人们通过犯人在刀子落下后是否眨眼来判断他们是否还有意识。据说,犯人在砍头后还能眨眼长达 30 秒。这段时间中多少是自主意识、多少是神经反射就不得而知。许多国家科技发达到能够回答这个问题,但是他们早已摒弃了砍头的刑法。

A.

格莱特
澳大利亚悉尼

生活在 1743 年至 1794 年间的法国化学家安托万·拉瓦锡在一次革

命中被捕并面临斩首。他要他的朋友仔细观察，因为他会在行刑后尽可能久地眨眼。据说，他人头落地后还眨眼了 15 秒。①

麦克·斯诺登
英国伦敦

1905 年 6 月 28 日凌晨五点半，杀人犯朗吉耶（Languille）在断头台上被斩首，博里约（Beaurieux）博士在理想条件下用他的脑袋进行实验，并发表了一篇非常详细的报告。阿利斯特尔·克肖（Alister Kershaw）的《断头台的历史》（*A History of the Guillotine*）一书中有所记载，他的文献来源是 1905 年发表的《刑事人类学档案》（*Archives d 'Anthropologie Criminelle*）。②

这是我在犯人被斩首之后观察到的现场：被斩首的犯人的眼皮和嘴唇以不规则的频率抽搐了五至六秒钟……几秒钟后抽搐运动停止。面部松弛，眼皮半闭，结膜白色部分可见，就像我们每天都会见到的即将死去或者已经死去的人那样。直到这时，我才用尖锐有力的声音呼喊："朗吉耶！"我看到他的眼皮缓缓抬起，没有任何抽搐……接下来，朗吉耶的眼睛盯着我看，瞳孔聚焦……几秒钟之后，他的眼皮又一次缓慢平稳地合上，恢复到我喊他名字之前的那个状态。

这时，我又一次大声呼喊，他的眼皮又一次没有任何抽搐地慢慢抬起，然后他的眼睛直视着我，比第一次的更加聚精会神。之后，他的眼皮又一次合上，但是闭合程度不及之前。我第三次尝试呼叫，但是他已经没有更多的反应，眼光呆滞，跟死人一样。

我已经将我刚刚的观察仔仔细细地叙述给你。整个过程持续了二十五到三十秒钟。

---

①编者注：安托万·拉瓦锡（Antoine Lavoisier）生前最后一次为科学奉献的英雄故事曾经被报道过许多次，但是却没有事实依托。我们无法在任何当代文献和他的生平事迹中查找到依据。但是，曾经的确有人尝试查明砍下的脑袋是否还有意识，不过上文中提到的也是最可信的故事了。

②编者注：如果被砍下的脑袋在短时间内仍有意识，那么仁慈的做法是告诉死去的人他正飞往天堂。

更多细节可在 www.metaphor.dk/guillotine 上面查看。

A.

约翰 · 鲁兹

英国米德尔塞克斯郡 哈林顿

利文斯顿博士曾经写到，他遇见的非洲人都知道意识不会在死后立马消亡。他描述道，他们把有弹性的幼树弯曲，并用线绳将其系在即将被斩首的人的耳朵上，这样他意识尚存的最后时刻会在空中飞翔。

A.

无论死后意识消亡得多快，这毫无疑问是个非常痛苦的过程。1983 年，世界医学协会刚刚讨论了医生对于死刑的态度，那时正在萨里大学学习生理学的哈罗德 · 希尔曼向《新科学家》杂志描述了不同死刑方式的痛苦程度。关于斩首，希尔曼这样写道：

1789 年，一个法国官员提出了断头台的装置，并以他的名字为其命名。断头台曾在巴黎毕希特医院的尸体上测试，并在 1792 年法国大革命中广泛使用。吉约坦医生（Joseph-Ignace Guillotin）发明断头台时认为它能快速无痛地结束生命，并将这种曾经只有王公贵族才能享受的待遇推广至普罗大众。虽然人们相信吉约坦是断头台的发明者，但是它在 16 世纪时就曾在意大利、德国、法国和苏格兰被使用过。

断头台斩首被认为是一种更加人道的刑罚，因为它的刀刃比斧头更加锋利，行刑过程更快。一刀下去，周围组织断裂，脑袋与脊髓分离，导致死亡。这个过程一定会产生剧烈的疼痛。颅内失血迅速致使意识在 2~3 秒钟内消亡。

有些情况下，被砍下的脑袋上的眼睛仍然在向四周张望，动物实验中也发生过相同的状况，此时，动物的器官会被切除，它们的脑生化功能也会被立即检测。

感谢托尼·科利斯（Tony Corless）让我们有幸读到这篇文章。

人体内的微生物“大军”

Q.

莱格·泰勒

英国默西塞德郡 威勒尔

人体内有多少种生物？它们的总数又有多少？

A.

细菌学家西奥多·罗斯伯里（Theodor Rosebury）在他的著作《人体寄生生命》（*Life on Man*）（塞克尔和沃伯格出版社 Secker & Warburg, 1969）中从生物和历史的角度详尽地描述了人体中的微生物。罗斯伯里认为人体中的微生物种类数目非常庞大：“如果我们要在显微镜下查明人体中的微生物，我们最好睁大眼睛，吃饱肚子，仔仔细细地观察，小心翼翼地呼吸，不要大声喘气……人体中存在种类丰富数量惊人的微生物。”

他所得到的数字令人难以置信。例如，他认为仅在人的口腔中就存在 80 种不同生物，而且他估计成人每天排出的细菌总数在 1000 亿至 100 万亿之间。从这个数据中可以得出，每平方厘米的人类肠道中就存在着 100 亿微生物。

健康的成年人体接触外界（比如皮肤）或者连通外界的部分（比如肠道）都寄生着微生物，从口腔到肛门，加上眼睛、耳朵和呼吸道。据罗斯伯里估计，每平方厘米的人类皮肤上存在 1000 万细菌，就像“圣诞购物时的拥挤人潮”一样。

但是，在人体将近 2 平方米的表面上，微生物的数量也大有不同。在多油的鼻翼两侧和多汗的腋下，微生物数量会多至十倍，一旦进入人体内部，在牙齿、喉咙或者消化道表面，微生物数量则多至千倍。这些人体内部器官表面的微生物密度最大。但是，在泪腺和泌尿生殖器官表面，微生物的数量就大大减少，因为这些部位有液体流动，能清除细菌。罗斯伯里的确在膀胱和肺下部没有发现任何微生物寄生。

虽然寄生在人体内的微生物数量庞大，但是罗斯伯里认为人体表面的细菌加起来只有一颗普通豌豆那么大，而人体内部细菌加起来大概可以填满一个 300 毫升的容器。

当病原体出现时，比如病毒或其他感染，微生物数量也会随之增加，但不会显著增加。虽然寄生在人体的微生物总量庞大，但是与人体体积相比，寄生在此的微生物体积也不算太大。

寄生于健康人体内的物种数量无法准确计算，因为越来越多的物种不断被发现，但是贝尔法斯特女王大学的一名微生物学教授马克·帕伦（Mark Pallen）认为这个数字超过 200 种。

“光在口腔中就存在超过 80 种微生物，位于法国茹伊昂若萨的消化系统生态学和生理学实验室的报告指出，肠道中存在至少另外 80 种微生物，皮肤表面的微生物种分类更多。虽然我们无法精确得知人体内微生物物种数量，但是长期寄生在人体内的微生物肯定超过 200 种，”帕伦说，“人类基因组中最多含有 10 万个基因，细菌基因组平均还有 2000 个基因。因此，寄生在人体内的细菌基因是人类基因的四倍。”

当然，不只细菌和病毒寄生在人体内。在罗杰·克努森（Roger M. Knutson）的《惊人动物群》（*Fearsome Fauna*，自由人出版社，W. H. Freeman，1999）和《隐秘动物群》（*Furtive Fauna*，企鹅出版社，1992）中描述了寄生在人体内外的各种寄生虫。它们都是肉眼可见的生物，而且非常可怕。

虱子大概是最为常见的寄生虫。从头发到腋窝，再到腹股沟，它可以寄生在各个地方。但是，它带来的瘙痒远远大于祸害，不像蜱虫，它可以带来各种严重奇怪的疾病，比如皇家农场病毒和鄂木斯克出血热。此外，人们认为全球有上百万人携带疥螨，它藏身于体内，引起严重瘙痒。

令人聊以慰藉的是，疥螨的近亲蠕形螨寄生于所有人体上，它既能去除死皮细胞，又不会带来多少病痛。不是所有的人体寄生虫都会蠕动爬行——如果你仔细观察，你就会发现头发中的真菌和皮肤缝隙中的霉菌。

在消化道中，你还可能发现引起阿米巴痢疾的原生动物、20 米长的牛带绦虫和想要进入血液中的十二指肠虫。

你的血液中可能寄生着雌雄同体的血吸虫，它会导致膀胱出血伤痕累累，你的淋巴系统中可能存在 12 厘米长的班氏吴策线虫，你的肝脏中还可能存在喜爱胆汁的华支睾吸虫。大概最可怕的就是寄生在大脑中的福氏纳格里阿米巴原虫，它在大脑的温暖环境中不断繁殖，直至大脑死亡。①

①编者注：在健康的人体中生存的微生物被称为正常微生物区系，它们有两个不同种类——一种为长期寄生，另一种为短暂寄生。当然，无论寄生生物的好坏和数量它们都属于这个微生物区系，它们把人体当作它们的家。

水下视力

Q.

米歇尔·塞勒特
英国布里斯托

为什么我在水下时，如果不戴泳镜或者面罩，眼前就是一片模糊，戴上就能看得清清楚楚？对此我一直非常疑惑，究竟是什么原因造成这种现象的呢？

A.

瑞查德·威廉
英国伦敦

当你把勺子放进盛着水的玻璃杯中，此时，勺子看上去像被弯曲过一样，这和你提到的现象原理相同。光在水中的传播速度比在空气中的传播速度慢。当光从一种介质传播到另一种介质，它的速度改变，因此光线被弯曲，这是光的折射现象。光在不同介质中的传播速度的比率决定了光线的弯曲程度。

人的眼睛构造微妙，进入瞳孔的光在眼睛后方的视网膜上汇聚。人的眼睛会最优处理在空气中传播的光，光在空气和眼睛交界面所产生的折射，并在视网膜上形成清晰的形象。

但是，当光直接从水中进入眼睛时，因为光线的弯曲程度不同，所以眼睛无法正确聚光。人戴上泳镜后，空气与眼睛的交界面重新形成，正常的视力也随之恢复。

眼镜就是利用了光在不同介质中传播的折射现象，镜片使光线弯曲，因此矫正视力。

A. 威廉·麦迪尔

英国西米德兰兹郡 萨顿科尔菲尔德

光的折射或者弯曲程度取决于角膜表面两边介质的折射率的差值——差值越大，光线弯曲程度越大。因为空气、水和角膜的折射率分别为 1、1.33 和 1.38，眼睛与水的折射率差值远远小于眼睛与空气的折射率差值。

屈光力 P 的计算公式是 $P = (n_2 - n_1)/R$，其中 n_1 和 n_2 分别是角膜的折射率和它外部介质的折射率，R 是角膜的曲率半径。P 的数值以屈光度计算。屈光度是屈光力的单位，等于镜片焦距（以米为单位）的倒数。假设 R 的数值为 0.008 米，那么当外部介质为空气时，屈光力大约为 47 屈光度，而当外部介质为水时，屈光率大约为 6 屈光度。

眼睛的聚焦能力在一定范围内是可变的，因为睫状肌可以调节晶状体的形状。

但是，当眼睛与水接触时，屈光力减少 41 屈光度，与之相比，眼睛自身的调节不足一提。事实上，儿童眼睛屈光力最多可改变为 15 屈光度，而 60 岁成人只有 1 屈光度。这意味着眼睛在水下怎样调节也无法使光线聚焦在视网膜上，所以看到眼前的景象是模糊的。

植物和动物

千足虫的优势

莎拉·克鲁
英国埃塞克斯郡 昂卡

自从我在浴室中发现了一只千足虫之后，我一直在思考为什么它有这么多条腿？这对它有什么益处呢？

R. 麦克雷·亚力山大（动物学荣誉退休教授）
英国利兹大学

千足虫和蚯蚓的生活方式相似。它们都生存在土壤之中，进食尸体、腐蚀的植被。但是它们在土壤中前行的方式却截然不同。蚯蚓体表肌肉收缩，体腔压力增强，使得身体拥有足够的力量向前运动或拓宽裂缝，而千足虫则是用它的足在土壤中行进。动物的腿越多，前进的力量越大。

千足虫和蜈蚣也不尽相同。千足虫拥有数量庞大的短足，因为长足不利于它们挖土。蜈蚣则拥有少量长足，因为它们常在地面和落叶中活动。它们不需要用足力来推土，但需要比千足虫爬得更快。

千足虫、蜈蚣和蚯蚓的身躯都十分细长，并由许多体节组成。除了身体两端，其余体节构造几乎一样。人类工程学的许多设计也是如此，同样模块的大量重复。比如在巴士上，同样设计的座位和窗户多次重复出现。这样不仅可以使一种设计适用于所有座位，而且生产方便，一台机器便可以全部搞定。

同样的道理，动物体节的重复减少了其生存发展所需的基因信息数量。如今的千足虫大概是从体节数、足数更少的祖先进化而来，只是它们体内控制体节数量的基因有所改变。

苍蝇怕风吗？

比尔·威廉姆斯
英国白金汉郡 切舍姆

假日里，我们常坐在酒店阳台上休息，但是苍蝇天天都会出现，十分令人讨厌。有天晚上，大风四起，苍蝇就不见了。似乎当风速高到一定程度时，苍蝇就会消失。那么风速要达到多少才可以呢？这是为什么呢？苍蝇又到哪里去了？这些变量是否对于不同种类的苍蝇产生的影响有所不同呢？

简·霍顿
澳大利亚塔斯马尼亚州 北朗塞斯顿

当风速达到一定程度时，苍蝇就无法飞行，但这也与温度，湿度，苍蝇的性别、年龄和种类有关。

铜绿蝇是澳大利亚南部一种寄生于羊群的蝇类，它们的风速阈值为30千米/小时。如果风速再高，它们就无法安全地盘旋在羊群附近，它们的翅膀也会受损。但是，有些种类的苍蝇却倚靠大风将它们带到远方。澳大利亚灌木苍蝇小而恼人，有人认为它们每年夏天就是通过这种方式迁移至塔斯马尼亚州。

如果温度高于40℃或者低于12℃，铜绿蝇这种蝇类也无法飞行。这时，它们就会躲进一个“避难所”直至外部环境有所改善。

许多蝇类寿命短暂，以日计数。不同种类的雌蝇，有的卵生，有的胎生，以蛆的形式在地下化蛹，这个过程长达一年或者更久。它们只有当外部环境优越时才会出现，天气晴朗，风和日丽，就是骚扰游客的最佳时机。

托尼·海斯
澳大利亚维多利亚州 东唐卡斯特

我有一个朋友是单车骑手，他告诉我，墨尔本骑行俱乐部的会员们在经过大量实验后得出，在静止空气中，他们骑行速度超过 15 千米 / 小时便可以摆脱苍蝇的骚扰。

迈克尔·摩斯
加拿大西北地区黄刀

我生活在加拿大靠近北极圈的地方，这里的夏天虽然非常短暂，但是却会出现成千上万的蚊子。起风时，它们会躲在靠近地面的植被中，避免被风吹走。这时，如果你走过看似空旷的冻原，一大群急切希望饱餐一顿的蚊子便会向你飞来。

史蒂夫·洛克伍德
英国赫里福德和伍斯特 布罗姆斯格罗夫

我确信一些苍蝇的最快速度为 15 千米 / 小时。当我低于这个速度骑行攀登阿尔卑斯山和比利牛斯山时，苍蝇总在不断骚扰。我体能不如兰斯·阿姆斯特朗，而且还载着行李，我无法在上山时一直保持这个速度。面对精疲力竭和蝇虫袭击的抉择——我最终选择了后者。当我的速度超过 15 千米 / 小时，我想这些苍蝇肯定是去骚扰那些同样在这条上山路上挣扎的别的骑手了。

小鸟澡池中疯长的藻类

Q.
卡尔弗利·雷德芬
西澳大利亚州 卡莱尔

我在花园里建造了一个小鸟澡池，我用塑料花盆底座做成盛水容器。这个澡池还算成功，每天都有许多小鸟来洗澡，但我发现水面很快长出了许多藻类。塑料容器是从商店新买的，而且使用的水也是饮用水，藻类是从哪里来的呢？小鸟用这里的水洗澡，喝这里的水止渴，也没有出现任何明显病症。

A.
史蒂芬·汉德 （池塘保护协会会长）
英国牛津布鲁克斯大学水域栖息地基金会

这里有两个问题。一个是藻类是从哪里来的，另一个是它们是如何存活和生长的。

淡水藻类容易在新的池塘和水坑中繁殖生长。许多绿色藻类会在干旱环境等恶劣条件下产出外壁坚硬的休眠孢子。这些干燥的休眠孢子可以存活很长的时间，它们体积微小，可以随风飘走，或者粘附在泥土中，被小鸟带到远方。任何一个新建的小鸟浴室都会迅速被藻类孢子占领，它们进入水中就会立刻焕发生机。

藻类生长需要营养，所以在蒸馏水中无法存活。普通的直饮水中没有任何毒素和微生物，但是含有高浓度的植物营养物，比如硝酸盐和磷酸盐。营养物质的其他来源包括空气中的灰尘和前来洗澡的小鸟身上附着的肥料。

正因如此，在花园池塘中反复加入直饮水会导致绿色藻类的疯狂生长。

小鸟澡池跟池塘的环境类似，里面中长出藻类十分正常，而且藻类无害，不会影响小鸟的生活。

A.

伊恩·威廉姆斯

英国伦敦

因为光和水中含有大量营养物质，所以极少量的藻类或者藻类孢子都可以快速繁殖覆盖水面。

但是，极少量的藻类最初是怎么出现的呢？它可能来自没有经过消毒的花盆底座，也可能来自没有除菌的直饮水中，也有可能来自外界环境，由空气传播或者由小鸟携带。

办公室中的饮水机一般配备着很大的透明塑料水桶，虽然它将桶中的饮用水跟外界的环境隔离，但是如果它在日光下的时间过长，桶中也会长出藻类。实际上，我有一次没注意就喝了一杯这样的水。虽然水的味道有点不同，但是我之后并没有感到不适。

警笛与狗吠

Q.

米歇尔·汉姆

美国加利福尼亚州 蒙特雷

每当警车经过警笛响起时，邻居的狗就开始狂吠。我曾经读到过，这是因为警笛的声音对它们敏感的耳朵是一种伤害。而猫的听觉似乎比狗更加敏感，但它却对警笛声置若罔闻。为什么警笛声只会伤害狗的耳朵呢？

A.

安妮·布隆伯格

英国伦敦

狗听到警笛声会狂吠大概是因为警笛的声音很像狗的叫声，它们只是在做出回应。很久以前，当狗成群结队巡捕猎物时，它们就是这样相互吠叫以传递信息。即使警笛的声音跟狗的叫声并不完全相同，狗也能从中听出相似的部分。然而，猫独自捕食，不是群居动物，所以不会对警笛声作出反应。

A.

安·布拉德·德拉蒙德

美国佛罗里达州 米卡诺皮

你可以阅读一下《狗狗观察：狗吠缘由以及其他与狗有关的谜团》（*Dogwatching: Why dogs bark and other canine mysteries*）这本书。人类学家德斯蒙德·莫利斯（Desmond Morris）在书中解开了 46 个谜团。他曾提到当一家人一起唱歌时，狗也会加入其中，有时帮忙，有时帮倒忙。

狗、狼和人在与同类一起猎食或者牧羊时，需要通过吠叫、唱歌或者吹奏牧笛等方式与另一座山上的同伴保持联系。警笛声就是人工放大的狗吠声，它的声音起伏经过仔细编排，就是为了刺激人的耳朵和狗的耳朵，引起我们的注意，它在这一点上做得非常成功。

幸免于难的小蜗牛

Q.

大卫·米切尔
电子邮件投稿

几周前，我在比利时参加朋友聚会，席间有些人吃了蒜蓉蜗牛，一个朋友就带了个空蜗牛壳回家给他 3 岁的儿子玩。这个蜗牛壳被洗得干干净净，躺在厨房灶台上，突然有一天，两只小蜗牛从壳里爬了出来。它们的“家长”可早就被煮了吃了。如果我的朋友说的是真的，那这究竟是为什么呢？①

A.

乔治·山姆
英国伦敦

蜗牛的受精过程是在内部完成的。厨师在处理蜗牛时，先将蜗牛从壳内挖出，混合黄油、欧芹和大蒜一起烹煮，然后再放回壳内摆盘上桌。

因为蜗牛壳本身没有经过烹煮，所以那些后来出现的小蜗牛大概是从之前壳内的卵中孵化出来的。它们很有可能在烹饪准备阶段幸免于难。

A.

彼特·托普
英国贝德福德郡

欧洲最常见的食用蜗牛品种是法国大蜗牛 (Helix pomatia)，它在英国

①编者注：有些读者认为这个故事不可能是真的，但其实答案可能很简单。

被称为“罗马蜗牛”，因为它是欧洲大陆的物种，被罗马人引入英国。

餐厅里的蜗牛大多来自蜗牛农场，也有可能是从大自然中拾捡回来的。蜗牛是雌雄同体的动物，虽然它们拥有雄性和雌性的生殖器官，但是它们必须和另一只蜗牛交配才能受精产卵。蜗牛在交配后，可以将精子贮存最多一年再受精，但是一般交配几周后就会产卵。

罗马蜗牛的卵一般产在土下 6 厘米的洞中。一只蜗牛最多在两天内产下 30 至 50 颗卵。四周后，小蜗牛便会孵化而出。

这样一来，在烹饪过程中出现的所有卵都无法存活。但是，上桌盛放蜗牛的壳有可能不是蜗牛本身的壳。供货商往往会在供应煮熟蜗牛的同时，分开提供盛放蜗牛的空壳，因此，蜗牛壳螺层中可能带有之前就存在的卵。

大不列颠和爱尔兰贝壳学学会的网站 www.conchsoc.org 上提供了更多关于蜗牛和保护蜗牛的信息。

石缝求生

简·史蒂芬斯
英国赫特福德郡 赫默尔亨普斯特德

我来自英格兰南部小镇赫默尔亨普斯特德，我家旁边有一座砖头搭建的烟囱，从里面居然长出了一棵树，我也曾经见过相似的情景，陡峭岩壁和教堂塔尖上长出树木。它们是怎么活下来的呢？如何扎根？我家花园的土壤虽然经过精心施肥，但是都很难让树苗存活下来。一颗一米高的树是怎么在砖墙中生长的呢？

伊恩·汉兰德
英国诺丁汉郡 沃克索普

因为树木生长需要合适的条件，所以它们无法在大多数的烟囱中生长。当气候非常潮湿时，种子可以在残破砌砖的裂缝中生长扎根。极度潮湿的环境可以使植物的根深深扎进砌砖之中，并有助于植物存活下来，当然，这块砌砖最初必须非常残破。

雨水进入砌砖顶部的裂缝，大风又使雨水从侧面渗入烟囱。水分充足的植物根部不断增长，使得裂缝越来越宽，越来越深，更加适合植物生长。冬天，裂缝中的水分结冰膨胀，雨水又可溶解砂浆中的石灰，这些都有助于植物存活。

像柳叶菜这样的许多草本植物的种子是随风飘散的，它们可以轻易到达烟囱顶端并发芽生长，但不久便会因气候干燥而死亡。它们腐烂的根部提高了砌砖的锁水能力，做好准备迎接树木种子的到来。

问题中提到的一米高的树和花圃中一米高的植物并不一样。虽然大小相同，但是前者一定年龄更大，因为它只在潮湿的气候中才会缓慢生长。此外，它一定分枝更多，叶子更小且因条件恶劣而长出更多红斑。在极端情况下，它还会通过落叶的方式减少水分流失。

当然，它也有可能是一株外来的花圃植物，而不是一棵野外生长的树木。诺丁汉郡和赫特福德郡的降雨量相似，都比较少。这样的环境最适合醉鱼草生长，它们可以在外墙顶端长至近 30 厘米高。我曾经见过砖墙中长出一棵近两米的大树，旁边有一条破烂的水沟在不停地向砖墙灌水。大树的根已经穿透砖墙，并将其分裂，而且这面砖墙还是由石灰砂浆建成的。

A.

约翰·费尔德

南非西萨默塞特

岩石墙壁可以为植物锁住足够多的水分，而且空气中也存在足够多的二氧化碳。此外，鸟粪、尘埃和岩石溶解的矿物通常可以提供足够多的必需营养物质。像铁兰这样的附生植物从尘埃中就可以获取所需的全部矿物营养。

花圃树苗并不都像铁兰一样容易存活，它们无法在岩石间和树皮上生存。但是，许多无花果属植物的生长就像盆栽植物一样，尤其是绞杀榕，它们的种子依附在鸟粪上，进而生长在墙壁、悬崖和树干上。它们生命力顽强，有的甚至可以存活数百年，直至岁月将其摧毁，或扎根深入良土。

A.

吉米·沃特

英国圭内斯郡 布莱奈费斯蒂尼奥格

我生活在斯诺登尼亚地区，这里的采石工业曾经兴盛一时，但是现在只剩满山页岩碎片。如今，几家机构正在采取各种措施，只为让这块贫瘠的土地恢复往日的枝繁叶茂。方法之一便是将许多表土运输至此，并在山坡上重新栽上幼树，进而美化周围景观。这也同时带来许多问题：页岩坡道排水能力超强，无法保存足够水分，使得植物健康生长；频繁降雨冲走泥土；坡道不稳，大型植物无法扎根。

另一个方法人力需求更小而且效果更加明显，那便是将许多合适的灌木和树木的种子撒进页岩堆中，并相距一定间隔设立栖木。小鸟食下种子后，在栖木上休息，并排出粪便。粪便可以为其中存活的种子提供养料。小鸟还可能从附近乡村带来其他种子。

灌木开始生长后便为小鸟提供了更多休憩的地方，并将肥料养分集中在所需部位。这些植物为苔藓和青草等小型植物提供阴凉和落叶，促进它们生长。同时，小型植物还能帮助保留水分，它们一边分解一边滋养土壤。

我认为，树木可以在几乎没有土壤的岩石和砖头建筑中存活下来，也经历了同样的过程。小鸟在这些安全的地方栖息休憩，鸟儿们不仅带来种子，它们的粪便同时又能够作为肥料，其中的养分也会促进苔藓生长，苔藓帮助树木锁住水分，并在消亡分解后提供类似土壤的生长环境。树木根部的生长局限也保证了它不会到处乱长。

发绿的土豆有毒吗？

Q. **艾米莉·简·霍斯曼**
英国德比郡巴克斯顿

小时候，奶奶告诉我，老的或者坏的土豆上的绿色表皮不能吃。之后，我了解到这是因为它含有类似致命茄属植物的毒素。但是，我吃多少绿色表皮才会病倒？这个毒素又会给我带来什么伤害呢？和土豆相关的品种是不是也是如此，比如山药和茄子？

A. **迈克·福罗斯**
英国西米德兰兹郡 威伦希尔

土豆、番茄、甜椒、茄子、烟草植物和致命茄属植物都是茄科植物。它们的一大特点就是能够产生有毒的生物碱，比如叶、根和果实中的茄碱。然而，茄碱不会分解，所以浸泡无法洗去，烹煮也无法除去。

可食用品种的叶、芽和果实中同样存在高浓度的糖植物碱（glycoalkaloid），因此这些部位不能食用。土豆的块茎应该长期存放在阴凉干燥的环境中，它们在阳光下可能产生极高浓度的糖植物碱，因此，老的土豆会发绿。

有人曾经因茄碱中毒而丧命。加拿大化学品安全局呈递世界卫生组织的一份报告指出，就食物而言不存在茄碱安全值，但正确贮藏的每千克土豆中含有 10 到 100 毫克茄碱，这是可以接受的。

人体每千克重量中含有 3 毫克糖植物碱就可能致命。也就是说，一个 70 千克重的成人食用约 2 千克土豆则可能丧命。就算有人饿得能够吃下这么多的食物，他更可能出现胃肠和神经症状，而非死亡。此外，如果土豆中的毒素浓度已经达到危险水平，那么很有可能你的舌头会尝到苦味，或者你的喉咙会感到烧灼。

有人说，如果土豆不是早在16世纪就被引进欧洲，那么现在，欧盟肯定因新型食物规章（Novel Foods Regulation）(EC) 258197而禁止土豆入境。此项规章要求，所有1997年5月之前在欧洲没有食用历史的食物必须经过前期市场安全检测。1964年，美国未检测糖植物碱含量就引入一种新型土豆品种Lenape，导致一男子险些丧命，由此可见前期市场安全检测的重要性。

土豆基因十分复杂。从拉丁美洲引进的杂交土豆品种基因基础单一，尝试从中研发新的品种往往会导致高浓度茄碱。

A.

史雷格·山姆

英国东萨塞克斯郡 黑斯廷斯

在光照下，土豆中的茄碱含量会逐步上升，这是它防止被觅食动物吃掉的自我保护机制。毕竟，它存活的意义是为了繁殖新的植株，而不是被食用。茄碱既会使土豆口味变苦，也会阻断神经递质乙酰胆碱的活动，进而导致口干、口渴和心悸。高浓度的茄碱还会引起精神错乱、幻想错觉和麻痹瘫痪。

有毒土豆上的绿色部分其实是无害的叶绿素，但是它同时提醒人们土豆中的茄碱含量过高，整个土豆都不能食用。开始发芽的土豆和因枯萎病而出现黑色条纹的土豆同样如此。对于一个普通成人来说，每千克重量中含有3至6毫克茄碱，或者总共含有200至500毫克茄碱，都是致命的。正确贮藏的每千克土豆所含茄碱不足200毫克，所以瘦小的人只要食用了1千克土豆就有可能丧命。

茄碱集中存在于土豆表皮，所以土豆去皮便可减少30%~90%的毒素，这也跟“吃皮最好”的传统观念相左。过去，人们将未洗过的土豆放在纸袋中，存于蔬菜店的货架底端或者黑暗角落。现在，人们会将土豆洗净，装在透明塑料包装中，这其实大大增加了茄碱中毒的风险。在16℃光照下，土豆中的茄碱含量每24小时翻四倍。在75℃下，茄碱含量会增加九倍，每千克土豆中表皮所含茄碱高达1800毫克。

番茄、茄子和辣椒等其他茄属植物中也含有不同数量的茄碱，它们的成熟程度和是否感染枯萎病都会影响茄碱含量。烟草植物也是茄属植物，其中的尼古丁和茄碱是同一类型的糖植物碱，但是燃烧的高温可以减弱毒性，因此嚼烟比抽烟更容易中毒。

A.

德雷克·马修

英国剑桥

茄子和土豆是同科植物，它们都含有高浓度的组织胺、尼古丁和茄碱。许多案例记载了茄子的果实和花粉能使人过敏，组织胺也会让敏感体质的人产生不良反应。不过，可食用品种中的许多有毒物质都在培育过程中被去除，市面上也不贩卖野生品种。

山药和土豆并没有关联，但它和许多植物一样含有有毒物质，包括多酚和类似鞣酸的成分。山药中还含有许多微量生物碱，其中有些被用于合成避孕药和皮质类固醇。一些山药品种含有苦味生物碱、二氢薯蓣碱和薯蓣碱等，它们是水溶性生物碱，在人体消化吸收过程中引起剧烈症状，足以致命。在盐水、热水和流水中浸泡山药通常可以洗去毒素。

鼹鼠的洞道网络

艾伦·罗
英国阿伯丁郡 因奇

每到深秋，我家花园中就会出现鼹丘的踪迹，地表下面的纵横交错的洞道将它们连接起来。这让我产生一系列的问题：鼹鼠洞道网络一般有多大？鼹鼠会一直扩张这些洞道吗？有些洞道会不会被废弃？一只鼹鼠一生平均挖多长的洞道？如果鼹鼠是独居动物，它们各自的洞道网络会重叠吗？如果不是，它们又是如何找到同伴生活繁衍的呢？

安德鲁·霍尔斯特德 首席昆虫学家
英国伦敦皇家园艺协会

鼹鼠（欧洲鼹鼠）的洞道网络深度和宽度各不相同，土壤种类、地下水位等许多因素都会对其造成影响。洞道中的蚯蚓和其他无脊椎动物是鼹鼠的主要食物来源。所以，如果鼹鼠生活在食物充足的洞道中，而不是食物匮乏的酸性土壤中，它的洞道网络就不需要多么宽广。

鼹鼠在必要的时候也会扩张洞道网络，同时废弃不再需要的洞道。秋天是它们挖洞的高峰时期，土壤温度降低使得蚯蚓钻入更深的土壤，而捕食蚯蚓的鼹鼠则也深入土壤。春天，蚯蚓重新回到土壤表层，鼹鼠活动也有所增加，它们开始在地表挖掘新的洞道同时也修补旧的洞道。

除春天繁殖季节外，鼹鼠大多数时候都是独居动物，而且它们对待闯入自己洞道的同伴也毫不客气。但是，在鼹鼠密度较大的地区，不同鼹鼠的洞道网络也有可能重叠。

在二月和三月的交配季节，鼹鼠开始活跃起来，四处活动并经常离开领地寻觅配偶。它们大多在地面活动，但是也会用到现存的洞道网络。雄性鼹鼠大概是通过气味来寻找雌性鼹鼠，但是人们对鼹鼠的交配行为仍然知之甚少。

A. **迈克·伊斯特汉**

电子邮件投稿

鼹鼠挖的洞道大多是捕食无脊椎动物的精妙陷阱。这些洞道必须十分宽广，鼹鼠才能捕获足够多的食物，而洞道的长度则取决于土壤中有多少无脊椎动物可以作为鼹鼠的食物。当无脊椎动物的数量较少或者相距较远时，洞道就必须更长，网络更宽，反之亦然。

鼹鼠是独居动物。但是，一群鼹鼠之间也会有一定程度的合作。当食物充足却没有水源时，鼹鼠们会将各自的洞道连接成一条通向水源的共用长通道。一对鼹鼠之间也会合作，当它们所生活的区域遭受定期洪水侵袭时，它们会一同建起土堆，土堆必须够大以确保鼹鼠幼崽可以在水位以上存活。鼹鼠们都是游泳健将，但却又不及它们的"近亲"比利牛斯鼬鼹厉害。

A. **莉莉安·沃克**

英国什罗普郡 布里奇诺斯

一只成年鼹鼠的领地为 2000 至 7000 平方米，而且雄性的领地往往比雌性更加宽广。不同的土壤类型决定了鼹鼠的洞道类型，土壤之下最多会有六种不同洞道。

浅一点的洞道是鼹鼠在土地中前行时用身体堆建出来的，而深一点的洞道则需要鼹鼠展现真正的挖掘技能，它们将挖出的泥土堆放在身后的通道中，然后翻个跟头，再将松软的泥土推至地面，堆成人们熟识的鼹丘，这可是景观园丁最痛恨的祸害。

鼹鼠需要花费很大的力气才能建成一个宽广的洞道网络，所以它们会死死捍卫这个地下系统。整个洞道系统的保养并不是那么辛苦。不同鼹鼠的领地经常重叠，它们会在洞道相交的地方留下气味记号以划清界限。如果洞道主人消失一段时间，气味记号消散，那么其他的鼹鼠就会很快抢占领土。

长颈鹿和骆驼走路时如何迈腿？

Q.

罗格·塞特
英国纽卡斯尔

我最近在肯尼亚注意到长颈鹿走起路来步调悠闲。它走路的方式跟马和其他四脚动物不一样，每边的两条腿是同时前进的。据我所知，其他反刍动物（除骆驼和霍加狓之外）都不是这样走路的。有人知道这个现象背后的生物力学原理吗？难道只有长颈鹿和骆驼是这样的吗？从力学角度分析，这样的方式是不是更加高效呢？

A.

R. 迈克尔·亚历山大　荣誉退休动物学教授
英国利兹大学

长颈鹿和骆驼都拥有长长的腿、较短的身躯和庞大的脚。它们的走路方式非同寻常，对此最常见的解释便是，这样可以防止它们前后脚相互绊住。

如果用“左前”代表左边前脚，“右后”代表右边后脚，并依此类推，就可以写出任何动物的前进方式。大多数哺乳动物都是保持脚步替换前进，间隔时间基本相同：左前 ** 右后 ** 右前 ** 左后 ** 左前 ** 右后 ** 右前 ** 左后 **，并这样持续下去。（星号代表间隔时间，**** 代表时间长，* 代表时间短。）

动物小跑时步伐较快，每次对角线方向上的两条腿一起运动：（左前 + 右后）****（右前 + 左后）****（左前 + 右后）****（右前 + 左后）****，并这样持续下去。

但是，骆驼则不是如此。它们不会小跑，只会移动身体同侧的两条腿踱步前进：（左后 + 左前）★★★★（右后 + 右前）★★★★（左后 + 左前）★★★★（右后 + 右前）★★★★，并这样持续下去。

提问者说长颈鹿和骆驼一样同时移动身体同侧的两条腿前进，但是事实却不是这样的。美国动物学家希尔德勃兰德（Milton Hildebrand）通过分析影像资料得出，长颈鹿走路时腿是这样移动的：左前 ★★★ 右后 ★ 右前 ★★★ 左后 ★ 左前 ★★★ 右后 ★ 右前 ★★★ 左后 ★，并这样持续下去。

长短间隔交错，一侧后腿先移动，同侧前腿稍后移动。

腿长的动物在小步快跑时，如果一侧前腿向后蹬，同侧后腿向前蹬，那么就有可能前后脚对撞。当它们缓步前行时，身体同侧的两条腿一同向前迈，然后一同向后摆，前后脚相距甚远，就不会撞到。

有些腿长的狗种也会和长颈鹿一样选择缓步前行而不是小步快跑。

马以正常的速度前行时，前后脚相撞的可能性比小步快跑时小。长颈鹿缓步前行时，前后脚相撞的可能性更小。这大概可以解释长颈鹿与众不同的行进姿态。但是，我仍要说明骆驼和长颈鹿都可以急速飞奔。它们在飞奔时，两条前腿一同向后，同时两条后腿一同向前，前后脚相撞的可能性很大。

希尔德勃兰德还曾记录下猎豹、鬣狗和长颈羚（一种长腿羚羊）的前行姿态和长颈鹿相似。虽然没有任何实验比较小步快跑和缓步前行分别消耗体能多少，或比较马与长颈鹿的走路方式分别消耗体能多少，但是我猜应该都差不多。

高处坠落的猫能毫发无损吗？

Q. **安娜·古德曼**
英国牛津

我的一个朋友认为，无论你把猫从多高的地方扔下，它都会毫发无损，因为它的终极速度低于安全着陆速度。谁能证实或者反驳这个说法吗？我家的小猫现在正用奇怪的眼光盯着我的朋友。这个说法不会是真的吧？

A. **约翰·博思韦尔**
英国德文郡 普利茅斯海洋生物协会

这个问题让我想起了一篇研究报告，这篇名为《猫的高楼综合征》（*High-rise syndrome in cats*）的报告由两名纽约兽医惠特尼 (W. O. Whitney) 和麦哈弗（C. J. Mehlhaff）完成，1987 年刊登在《美国兽医协会期刊》（*Journal of the American Veterinary Medicine Association*）上，一年后又转载在《自然》（*Nature*）杂志上。

两位作者粗略地统计了从医院 2 楼至 32 楼坠落的猫的伤亡率。总的来说，死亡率非常低，90% 的猫都存活了下来，但是，这个研究还发现，当猫从 7 楼左右落下时，伤亡率最高，而当猫从更高的楼层落下时，伤亡率反而降低，这个结果非常令人意外。

《自然》杂志中的那篇文章提出了三个决定伤亡率的主要变量——猫下落的速度、猫停止下落的距离和猫受制动力影响的区域。任何物体坠落到水泥地上都难逃厄运，但是猫却不会受到多大伤害（相较于它们的主人而言），因为它们的终极速度很低，而且可以更好地吸收落地时的震动。与下落的人相比，下落的猫的表面积和质量之比更大，因此终端速度可以达到 100 千米每小时（大约是人的终极速度的一半）。猫还可以调整肢体姿态，让冲击力分散到四肢，而人只有双脚。此外，猫比人更灵活，它们可以伸展四肢，通过柔软的身体组织分散冲击力。

当猫从 7 楼以上坠落时，楼层越高，存活率越高。对于这个看似矛盾的结果，报告的两位作者这样解释，处于加速下落状态的猫的肢体趋于僵硬，其分散冲击的能力随之下降。但是，当猫坠落达到终极速度时，就不会有任何净力作用在猫身上，猫的肢体放松，其灵活度增强，当猫着陆时，其分散冲击力的表面也随之增大。

如果我是你，我还是会让你的朋友离你的猫远一点，因为在你的家乡牛津，高于 7 层的楼房不多，但是河流却不少。

A.

尼克·汤
英国拉纳克郡 艾尔德里

当猫着陆时，它会弯曲四肢以减震，就像人们弯曲膝盖一样。因为它们有四条腿，所以这个动作明显可以使它的身体离地面更近，特别是它的头。当猫从某一高度坠落时，它的弯曲动作会使下巴触及地面，所以当猫从很高的地方落下或者跳下时，它会受到强大的冲击力，以至于震碎它的下巴。①

A.

凯瑟琳
英国特伦特河畔斯托克斯塔福德郡大学

我不知道猫的平均终极速度是多少，但是这个问题让我想起了一个笑话。

猫总是四肢着地，而吐司总是抹了黄油的那面着地，如果你将一片抹了黄油的吐司绑在猫的背上，就可以制造一台永动机。当猫即将落地时，它便会因两个相对的力而悬浮在空中不停旋转。

①编者注：兽医经常遇到下巴受伤的猫，它们大多是因从很高的墙上跳下而受伤。

A. 约翰·福斯特

英国爱丁堡

1927年，生物学家霍尔丹（J. B. S. Haldane）在《可能世界和其他散文》（*Possible Worlds and Other Essays*）一书中阐明了不同动物坠落所承受的危险。他这样写道：

“引力对老鼠和其他更小的动物不造成任何威胁。你如果把一只老鼠扔进近千米深的矿井，当它落到井底时也只是稍受惊恐，一下子就逃走了。

如果换成一个人或者一匹马，肯定不是死就是伤，因为空气阻力是和移动物体的表面积成正比的。如果把一只动物的长、宽、高分别除以十，那么它的重量会减少至原来的千分之一，但是表面积只减少至原来的十分之一。所以对于小动物来说，它受到的空气阻力是推动力的十倍左右。由此可见，昆虫绝不惧怕引力，它们可以随意附着在天花板上，随时安全坠落。”

蜜蜂回巢

Q.

克力思·保

电子邮件投稿，未提供地址

有一天，我坐在火车上，注意到一只很大的蜜蜂从车门飞进了我的车厢。之后，它在火车行驶 16 千米后飞下了火车。蜜蜂不乘火车可以找到回巢的路吗？如果不可以，它们可以融入新的蜂巢或者群体吗？它们会遭遇排斥和攻击吗？

A.

克力斯

英国牛津大学自然历史博物馆蜜蜂系统学和生物学部门

没错，蜜蜂应该可以找到回巢的路。这只蜜蜂体型较大，有可能是大黄蜂的蜂后或者工蜂。蜜蜂通过特殊的定位飞行方式记住蜂巢附近的建筑。此外，它们还借助太阳的位置作为定位标志，利用体内的时钟系统计算太阳的移动角度。

我的同事马克·奥尼尔（Mark ONeil）曾把欧洲雄蜂和草原雄蜂两种雄蜂的工蜂做上标记，在不同位置定点释放，最远的与蜂巢相距 6 千米，它们最终都顺利回巢。这些蜜蜂都是用汽车带到最初的释放点的，人们以为这会扰乱它们平时的定位方式，火车也是同理。但是，它们体内计算太阳移动角度的时钟体系使它们能够借助太阳的位置回到蜂巢附近，然后再通过视觉线索回到蜂巢。

因为巢址和食物在一片栖息地内不可多得，所以蜜蜂能否从很远之外飞回蜂巢就至关重要。我曾在巴勒斯坦内盖夫沙漠研究独居蜂种条蜂和木蜂的营巢生物学，我发现它们体型较大的雌蜂总是径直从蜂巢飞出，飞过 500 米外的一座小山的山肩。我在这座小山的山顶看不到下一个山谷中有任何适合采蜜的花卉植被。我计算了一下，它们至少要飞行 4 千米才能到达离蜂巢最近的觅食地，一来一回就是 8 千米。

人们发现，体型偏小的蜂种西方蜜蜂的工蜂最远可以飞到离巢 13 千米的地方觅食，在森林地带也是如此。另外，体型偏大的雌性新热带地区蜂的觅食距离高达 30 千米。

如果你在火车上看到的那只是蜂后，那么它当时可能正在低调潜入同种蜜蜂的领地，它需要慢慢吸收这块领地的气味，才能避免不受其他蜜蜂的攻击。一只具有攻击性又难产的蜂后可能会杀死原来的蜂后，并称霸领地。但是，一只精疲力尽又不辨方向的蜜蜂飞入一块陌生领地的时候就很有可能被工蜂杀死。这些行为在大黄蜂中都出现过。

一只找不到蜂巢的雌性条蜂可能在附近适合的地点建立新的蜂巢，但是，据我所知，还没有研究表明独居蜂种迷路后会开拓新的领地建立蜂巢。

凶恶水果

Q. **克琳·威尔森**
澳大利亚北领地达尔文

为什么菠萝的叶子多刺又吓人，而它鲜甜多汁的果实又不易被触及，一般水果都是通过甜味吸引动物来帮助播种，那菠萝在自然界中是怎么播种的呢?

A. **菲利浦·格里菲恩**
英国伦敦皇家植物园邱园

简单来说，菠萝不是在我们通常见到的状态下播种的，而是要等到它们熟透落地之时。

菠萝的学名是凤梨，原产于巴西南部和巴拉圭，后来被当地人传入南美和中美洲的各个国家以及西印度群岛。

菠萝是多年生草本植物，可以长至 1.5 米高、1 米宽。长长尖尖的树叶围绕着中底部的幼芽。这个幼芽会长成花茎，之后变成集合许多紫红色小花的花序，每一朵小花通过叶子状的苞片连接在植物上。在大自然中，蜂鸟可以为这些花授粉并产出小而硬的水果种子。

吃过菠萝的人都知道，商业种植的菠萝没有种子。这是因为菠萝和香蕉一样，即使没有授粉，也能生出果实。菠萝和许多植物一样无法自花传粉。

菠萝的果实是由可食用肉质茎中的 100 到 200 个小果聚集而成。每一朵花的子房会长成果状，并聚合成一个立体的结构，这就是肉质聚合果。菠萝坚固的蜡状外皮则包括尖尖的苞片和花朵的剩余部分。

菠萝虽然由种子发育而成，但是它还可以通过许多其他方式高效生长：果实以下的根茎可以长成根茎，叶子可以长成根出条，果实的上部可以长成冠芽，地下茎部可以长成根苗。

如今超市里卖的菠萝和南美大自然中的菠萝非常不一样。野生的菠萝非常小，等到它们瓜熟坠地并在烈日森林中待了几天的时候，它们就已经非常成熟、非常柔软了，很容易一劈两半，露出香甜多汁的果肉，口感很可能略带糊状。

人们吃到的商业种植的菠萝和香蕉往往没有真正成熟。但是，一个软软的、糊状的菠萝很有可能吸引包括猴子在内的小型哺乳动物，它们就可以帮助传播菠萝的种子。

“一堆白骨”

Q.

狄米特的妈妈凯瑟琳

美国加利福尼亚州 伯林盖姆

我的豚鼠茸茸最近死了。我们把它放在了一个纸质鞋盒中，埋在了地下75厘米深的地方。儿子总问我，茸茸现在是不是变成一堆白骨了，我都快被他问疯啦。我真的想知道它是不是只剩下骨头了。如果现在还没有，那要等到什么时候才会呢？它如果不会变成一堆白骨，那会变成什么样子呢？

四周以前，我们把茸茸埋在了气候温和的旧金山湾区。我很希望能够了解一些关于生物分解的知识，帮助我回答儿子的这个问题。这个话题对于一个8岁的孩子来说似乎有点可怕，但是他真的非常喜欢。

A.

莫莉

美国加利福尼亚州北部

亲爱的狄米特：

你的这个问题非常难准确回答。我和我的丈夫跟你生活在同一个区域，我们既是生物学家，也是多年的农场主。农场主们经常需要埋葬小动物，特别是那些饲养牲畜的农场主。我们还需要使用小动物的全部或部分尸体作为研究样本。尽管如此，我们也不是总能确定某只动物的尸体从什么时候开始分解。

许多因素共同决定了肉体、皮肤和皮毛离开骨头的时间。我猜测，茸茸至少还需要六个月的时间才会变成“一堆白骨”，而且它又被装在盒子里并埋入地下很深，我想整个过程可能需要一年多的时间。

这个数据是我基于这些年在这里埋葬的囊地鼠和老鼠得出的，它们的身型和茸茸差不多大小。尸体会由大量微生物来分解，它们的工作就是让植物和动物组织回归土壤。这群种类大小各异的微生物被称为分解者。我在下文中简要地列出了它们的特征和细节。

土壤中和尸体中的细菌和真菌会先从动物身体的柔软部分开始分解，最终将分解后的元素返还给土壤，滋养植物和土壤中的微生物。生命循环的这个部分会受到三个变量的影响。

首先，土壤中的微生物含量不同；其次，大部分微生物生存需要氧气。尸体埋得越深，那里氧气越少，我觉得茸茸埋得就挺深的。

最后，大部分微生物分解者喜爱温热潮湿的环境。你所在的地区，地下 75 厘米大概只有中度温热，我猜测温度应该大约在 13℃左右或者更低。如果茸茸被埋在了你家的花园中，那里潮湿程度应该刚好，但是如果它被埋在了缺水的土壤中，分解的速度可能会慢许多，因为我知道我们这个地区今年夏天雨水不多，最多也只会浸入地下一到两英寸。

如果我在这个地区埋葬一只囊地鼠，既不放在盒子里，又没有茸茸埋得深，即使上面我说的要求全部达到，当到了第二年的二月，我在修整花园的时候不小心把它挖出来，它也不会只剩下一堆骨头。这就是为什么我估计至少还需要六个月，尸体才会被全部分解。

土壤中的一些大型无脊椎动物可能可以帮忙分解纸盒和尸体。它们中有些食肉，有些则专攻皮肤和头发，比如皮蠹。脊椎动物博物馆在制作骨骼研究样本时，还会用一群皮蠹来分解干净骨头上的残余物质。皮蠹在林地和像我们这样饲养牲畜的农场中很常见，它们可以帮助分解动物尸体。

土壤中还有一些食肉的无脊椎动物，比如蚂蚁、蠕虫和甲壳虫。它们大多生活在土壤上层，少量出现在茸茸埋葬的那么深的地方，但是有些也可能活动到土壤深层。

还有几点需要说明。最终，就连骨头也会被分解，并滋养植物和土地，不过茸茸的牙齿会留存最久——牙釉质可是非常坚固的。

此外，土壤中的微生物经常在分解骨头的同时移动骨头。如果你把它挖出来，我觉得应该看不到一副茸茸完整的骨架，但是这也说不好，因为它周围有纸盒保护，所以你也有可能有幸可以看到。

其实，美国东海岸有一家中心专门研究动物和人类的尸体是怎么分解的。法医人类学家道格拉斯（Douglas Ubelaker）在他的书作《骨头》

（*Bones*）中也讲到了这个问题。就连研究古老骨头的科学家似乎也对这个过程知之甚少。

A.

莱斯利·艾林伯格（专业认证法医）
美国威斯康辛州州立历史协会

像茸茸这样的动物甚至人体分解到只剩下骨头的状态所需的时间会受到许多因素的影响。

这些因素包括季节、温度、降雨量、埋葬的深度、昆虫是否可以触及尸体、土壤的酸碱度以及尸体是否做过防腐处理等。

尸体的大小对于分解的快慢也有决定性的作用。另外，如果尸体是置于棺材之中或者由塑料袋或地毯包裹，那么分解时间会更长。以茸茸为例，它的埋葬深度大约是 75 厘米，它的尸体被纸质鞋盒保护着，所以它的分解过程耗时更长。茸茸的尸体应该还没有发展到只剩下骨头。

有谁吃黄蜂吗?

Q.

汤姆·伊斯威特
英国伦敦

我和同事们在讨论有关食物链的问题，一位同事很好奇是否有生物捕食黄蜂。有人回答说“很蠢的鸟”。有人知道这个问题的答案吗?

A.

奥维斯·蒂尔拜
美国俄勒冈州 塞勒姆

地位低微的黄蜂在食物链中也有一席之地。其实，这个问题应该是“什么生物无论如何也不吃这种低级且危险的昆虫？”

下面是一些吃黄蜂的生物。首先是无脊椎动物：几个种类的蜻蜓（蜻蜓目）；食虫虻和食蚜虻（双翅目）；黄蜂（膜翅目），大型的物种经常捕食小型的物种，比如白斑脸黄胡蜂捕食犹他黄蜂；甲壳虫（鞘翅目）和飞蛾（鳞翅目）。

其次是捕食黄蜂的脊椎动物：许多种类的鸟、臭鼬、熊、獾、蝙蝠、鼬鼠、狼獾、老鼠和小鼠，当然最后还不能忘了人类，我们的祖先说不定就吃过黄蜂。

我曾经吃过裹面粉油炸的某种黄蜂幼虫，我觉得还挺好吃的呢！

西蒙·伍利

英国汉普郡 温彻斯特

在《西方古北区鸟类》（*Birds of the Western Palearctic*）这本关于欧洲鸟类的权威著作中列出了133种至少偶尔捕食黄蜂的物种。这个列表中的有些物种让人有些出乎意料，比如柳莺、斑姬鹟和高山雨燕，还有两组鸟类是出了名的黄蜂捕食者——食蜂鸟（蜂虎科）经常捕食黄蜂，它们会通过将黄蜂用力拍打到树枝或铁丝网上的方法来除去黄蜂的毒刺。蜂鹰则会突袭蜂巢以获取食物。它们非常喜欢捕食米粉幼虫，但是在英国，黄蜂也经常捕食自己的幼虫。

蒂姆·哈德

西班牙加那利群岛

我在我家花园中拍到过一张这样的照片，一只大昆虫正在用喙吸取一只蜾蠃蜂的体液。

盖瑞·蒂

新西兰奥克兰

1972年7月，我曾在加利福尼亚海峡群岛中的圣卡塔利娜岛浮潜。当太阳快要下山时，我回到岛屿的东部悬崖。在悬崖底端的裂缝中，我看到了一只螃蟹正举着一只活的黄蜂。

我把当时的场景用相机记录了下来，那只螃蟹的右螯举着黄蜂的部分躯体，左螯拿着黄蜂的腹部送往嘴中。

那只螃蟹并没有对这餐食物的味道表现出任何异样。

A. 托尼·简
英国格洛斯特郡 切尔滕汉姆

獾会挖出黄蜂的蜂巢并吃掉它们的幼虫和食物储备。2003年的夏天，我就亲眼目睹了一群獾毁掉黄蜂的地下蜂巢。

A. 约翰·克洛弗特
英国诺丁汉

有一次，我闲来无事，看到一只黄蜂飞到我家池塘中的荷叶上，它沿着荷叶边缘缓慢行进，时而停下来喝水。突然，一只青蛙从暗处跳了出来，以迅雷不及掩耳之势吞下了那只黄蜂。

那只青蛙没有表现出任何不舒服，于是我抓了一只黄蜂，把它扔到池塘中，静静等待接下来会发生什么。那只青蛙似乎并没有理解我的用意，但是水中却有了动静，这一次一只金鱼抢先吃下了黄蜂。这只金鱼似乎也没有什么异常反应。

我的好奇心一下子就上来了，我在想我能不能诱导这只金鱼吃下更多的黄蜂。接下来的一个多小时里，我不断抓到几只不幸的黄蜂，并把它们扔到池塘中。有些黄蜂逃走了，有些被金鱼吃掉了，还有一些被青蛙吞掉了。

A. 约翰·沃特·哈沃斯
英国德文郡 埃克塞特

有天晚上，我回家很晚，我在厨房窗口听到一只黄蜂持续的嗡嗡声。它似乎被困在了窗户底部无法飞行。一只很小的红色蜘蛛正位于它的腹部下面。这只蜘蛛体型大概只有黄蜂的二十分之一，但它正好处于黄蜂无法发起反击的位置。

第二天早上，那里只剩下了一具透明的黄蜂空壳。

第三章

生活中的科学

关于菠菜

Q.
汉斯·哈米奇
英国东约克郡 赫尔

我在一本意大利菜谱上看到，用不锈钢刀来切煮熟的菠菜可以避免变色。如果我不这么做，那么是刀子还是菠菜会变色呢？这其中的化学原理是什么呢？

A.
派特克·迈克帕尔
南非约翰内斯堡 威特沃特斯兰德大学医药学院

为什么一定要用不锈钢刀切菠菜？这背后的原因非常有趣，阻碍增加食物铁元素含量。可别忘了铁元素是全球最普遍缺失的营养元素。

因为刀刃和菠菜中所含的多酚产生反应，所以两者都会变色。如果你泡一杯茶，在茶中加几块可溶性铁盐晶体，比如硫酸亚铁（注意千万不要喝下），那么你就可以看到这种反应的加强效果。

你看到的黑色变色是由铁和茶中的多酚——单宁酸引起的化学反应，最终得到的黑色化合物是高度不可溶的。从中，我们可以了解到许多关于人体吸收铁元素的原理，而这种形式的铁元素基本上是无法被吸收的。动画片里的大力水手通过吃菠菜可以增强体力（动画片剧情），但他也无法吸收这种形式的铁元素。

许多蔬菜中都含有多酚和肌醇六磷酸，因此，许多只食用谷物和蔬菜的人都会缺铁。在这样的饮食中加入铁盐会产生两个问题，一是铁元素无法吸收，二是铁和多酚反应所产生的变色会让人失去食欲。

镜面图像

Q.

格林·威廉姆斯

英国德比郡

当干净的浴室镜子上出现凝结现象时，你可以在上面画画。当凝结散去之后，你画的图像就消失了。但当凝结再次形成的时候，你画的图像又重新出现了，这是为什么呢?

A.

托尼·芬恩

英国东约克郡 赫尔

当水蒸气在一面干燥的镜子上凝结时，它的每粒液滴都在进行一种被称为珠状凝结的反应。千千万万的液滴颗粒都有力地附着在镜面上，所以看上去变得不透明。

当你用手指在镜面上写写画画时，液滴汇集形成一层薄薄的透明水膜，因此镜子上手指划过的区域又变得可以反光了。但当镜子受热或者空气湿度下降时，这些液滴就蒸发了。因为周围作为参照物的液滴消失了，所以你所画的图像也消失了。

水膜的蒸发速度比液滴更加缓慢，这是因为它的表面积更小。如果水蒸气没有足够的时间全部蒸发，那么在曾经存在液滴的地方，之后形成的都是珠状凝结，而在水膜存在的地方，之后形成的凝结也都是以水膜的形式。后者被称为膜状凝结。因此，你所画的图像就会重新出现在镜子上了。

如果这面镜子已经彻底干透，那么当凝结现象再次发生的时候，图像应该也不会重新出现，除非图像所在的区域已经被弄脏了。当你用手指在镜子上画画时，可能在镜子表面留下汗渍，又因为汗中含有盐分，厨房纸也是同样的道理，不过，因为厨房纸在沾湿后同样强度很大，所以它分解所需的时间可能会更长。强韧的厨房纸最多也只是给细菌提供了一个坚固的家，并不会破坏环境。

A.

布莱迪·蒙斯

美国犹他州盐湖城

木头是棕色的，未漂白的纸也是棕色的。因为白色的纸张增强了文字和背景的对比，有助于阅读，所以大部分人偏爱它。人们常常使用氯漂白法来制作白色纸张，而氯可以生成致癌物质二恶英。如今，制纸业已经大大减少了二恶英副产品的产生，同时，也有人倡导只使用双氧水和臭氧漂白剂，它们虽然更加昂贵，但是可以杜绝二恶英的产生。

顺便说一句，我们觉得亮白的颜色其实都带有淡淡的蓝色。因此，许多纸张中含有在紫外线照射下产生蓝光的荧光增白剂和些许蓝色染料。你也许看到过含有荧光增白剂的衣服和纸张在“黑光”下闪闪发光。

食物的腌制

Q.

亚当·汉克库
英国伦敦

我非常喜爱腌菜和酸辣酱。但是，我想知道蔬菜在这样的腌制过程中保存或流失了哪些营养物质呢?

A.

马克·韦尔林
英国坎布里亚郡 塞德伯

腌菜和酸辣酱的制作过程中都使用了热处理来杀死细菌、真菌和酵母，并加入了糖、醋和盐作为防腐剂，最初是一种保存水果和蔬菜的方法。

某些情况下，未加工的水果或蔬菜会在含有乳酸菌的盐水中发酵长达数周或数月，乳酸菌可以产生天然防腐剂乳酸。芒果和卷心菜可以使用这种方法来贮藏。这个过程还可以增加水果或蔬菜的口感和风味。

当煮熟或发酵的植物在加工洗净时，维生素、矿物质和营养物质就都流失了。不稳定的维生素在植物收割后就开始分解，整个过程会在高温烹饪和酸性条件下加速进行。

有些腌菜和酸辣酱是用油而不是甜酱加工的，这样的处理过程没有那么剧烈，维生素的分解也因此减少。比如我们以芒果为例，未处理的芒果每 100 毫克含有 40 毫克维生素 C，而油质芒果酸辣酱中的维生素 C 含量约为 1 毫克，而酸辣酱中几乎检测不到维生素 C。

A.

安东尼·大卫

爱尔兰科克

许多腌菜都经过少许烹饪，有的甚至只经过焯烫或发酵。然而，酸辣酱的营养成分则大不一样，因为它经过了和处理果酱一样剧烈的烹饪过程。腌菜和酸辣酱都是冰箱未出现时的保存食物的方法，它们在制作和储存过程中出现的营养流失主要有四个原因：过滤、加热、氧化和降解。主要流失的是可溶性物质或不稳定营养物，比如维生素、抗氧化剂和矿物质。

腌制汁本身基本不会引起降解。烹饪和贮存的不同决定了究竟有多少营养物质被滤出。举例来说，大块的原料因为表面积更大，所以比磨碎的原料过滤出去得少。将腌制汁倒入浓汤或炖菜中是减少营养流失的不错办法。淀粉和蛋白质等大块的营养物质不会受到什么影响，实际上，它们在经过一些处理后反而更加容易消化。

在现代的腌制过程中，人们会略加一点防腐剂以防腌菜变质。腌菜生产商也希望人们可以将已开瓶的腌菜贮存在温度低的地方，以此减慢降解和变质的过程。避光贮存也可以保证维生素 A 和维生素 C 等光敏维生素不被分解。为了避免氧化，腌菜瓶应该紧紧盖上，并在开瓶后尽快吃完。

充满营养的腌菜拥有很多优点，除了可以果腹之外，酸菜还曾使许多人在北方的冬季免受坏血病的折磨。

香料污渍

Q.

哈芬·洛克斯顿

英国西约克郡 哈德斯菲尔德

为什么姜黄粉总会留下一片擦不掉的黄色？即使在其他物质不能渗透的表面也是如此？肉桂粉、红椒粉和辣椒粉等其他粉状香料都不会留下任何痕迹。有什么清除姜黄粉污渍的好办法吗？

A.

迈克尔·艾尔菲克

英国诺丁汉

姜黄粉是姜黄的植物根茎粉末，红椒粉是从川椒中提取出来的，两者都是烹饪过程中常用到的调味、调色香料。

姜黄粉的黄色来自姜黄素，它的含量约占干燥粉末的 5%。红椒粉的红色则主要来自辣椒黄素、辣椒红素和类胡萝卜素的混合物，它们的含量最多为干燥粉末的 0.5%。

红色的类胡萝卜素由链状长分子组成，可溶于汽油等有机溶剂。姜黄素由带有末端苯基的小分子组成，不溶于水，但可溶于甲醇的溶剂。因此，红椒粉和姜黄粉都会在漆面和塑料上留下污渍，因为它们都可溶于有机溶剂。它们也会在烹调过程中向食物油多的部分移动。

为了比较两者的着色特点，你可以在两个小玻璃罐中加入适量姜黄粉，再在两个同样的玻璃罐中加入适量红椒粉。在一组玻璃罐中加入一茶匙的甲基化酒精，再在另一组玻璃罐中加入等量石油溶剂油（你可以用同样的方法对肉桂粉和辣椒粉进行实验）。在摇晃罐中混合物之后，你会看到装有姜黄粉和甲基化酒精的罐中黄色立即显现，装有红椒粉和石油溶剂油的罐中红色随即显现。之后，你从四个罐子的混合物中各取一滴，滴在干净的白色盘子上，你会看到姜黄粉和甲基化酒精罐中的黄色非常强烈，红椒粉和石油溶剂油罐中的红色次之。用丙醇（洗甲水）也可以完成同样的实验。

这个实验表明了为什么姜黄粉比其他香料粉更容易留下污渍——因为它含有更多的可提取有色物质。其他原因将展示出姜黄素和类胡萝卜素不同的物理性质，以及染色物质和固体物质产生化学反应的不同方式。你可以将混合物滴在不同的表面上来测试它们留下污渍的能力，但是一定要先征求同意。

姜黄素加热时是稳定的，但是见光后并不稳定。所以要清除姜黄污渍，先用变性酒精擦拭，然后放在日光下照射即可。

神奇的柠檬汁 1

布莱恩·多布森
英国汉普郡 奥尔顿

为什么柠檬汁可以让切开的苹果、梨不变色？

史蒂芬·C. 弗莱
英国爱丁堡大学细胞和分子生物学院

要回答这个问题，我们首先要知道为什么有些植物组织在被切开后会变色。植物细胞由许多成分组成，包括液泡和质体，两者之间被膜分开。液泡中含有酚类化合物，大多为无色，个别有颜色，此外，细胞其他物质中还含有酚氧化酶。

在健康的植物细胞中，膜将酚类化合物和酚氧化酶分开。但是，当细胞被损坏时，比如苹果被切开——酚类化合物会从液泡中流出，穿透薄膜与酚氧化酶接触。在周围空气中的氧气作用下，这些酶会氧化酚类化合物，并生成一些保护植物的物质来修复创伤，但同时也会使之变成棕色。

有两种物质可以阻止变色反应发生，而它们恰好在柠檬汁中都能找到。第一个物质是维生素 C，它是一种生物抗氧化剂，它会被氧化成一种无色的物质，而不像苹果中的酚类化合物那样变成棕色。第二个物质是有机酸，特别是柠檬酸，它会使环境酸碱度低于酚氧化酶的适宜水平，并由此减缓颜色变成棕色。

柠檬汁中的维生素 C 含量是苹果和梨子的 50 多倍，它的酸碱度小于 2，比苹果汁酸很多，你尝一小口就会发现。因此，柠檬汁可以迅速阻止颜色变成棕色。

你不用柠檬汁也可以阻止苹果切开变色，只需把苹果放在氮气或者二氧化碳的环境中，也就是切断酚氧化酶所需要的氧气。

块根芹是最好观察颜色变化的植物。均匀切下一大片块根芹，并在切面上摆放许多小型滤纸圆片，每个圆片都事先浸泡在不同的溶液中，比如柠檬汁、苹果汁、维生素 C、其他抗氧化剂、柠檬酸和其他酸等。浸泡过溶液的圆片会阻断酚氧化酶的反应，并在棕色的表面留下一个白色的圆形。

A.

安达卢西亚

西班牙格拉纳达 地球科学研究所结晶学实验室

1856 年，克里斯汀（Christian Schoenbein）在蘑菇中发现了多酚氧化酶。它在大自然中广泛分布，在人类和许多动植物中都存在。在植物中，它的作用是防止昆虫和微生物在植物果皮受损时进行干扰。由果皮形成的深棕色的表面对于昆虫和其他动物来说并不具有吸引力，在变色过程中形成的物质还具有抗菌作用。

在一些由植物做成的食品中，这种色变是讨巧的，比如茶、巧克力和咖啡，棕色是它们的标志。但是，牛油果、苹果和梨子等植物和水果颜色变棕就会给农民带来经济问题，因为棕色的水果不仅消费者不接受，而且味道也不好。

如何快速地倒完一瓶酒？

Q.

兰迪·巴隆
瑞士巴塞尔

当液体从一个倒置的瓶子流出时，什么时候的流动速度更快呢？是最开始的时候，或快倒完的时候，还是中间发出“汩汩”声的时候？而且为什么它的流动速度会有所不同呢？

A.

马丁·彼特
英国谢菲尔德大学化工工程学院

从倒置的瓶子中流出的水没有自由表面。因此，流出的水必须由其他物体代替，因为液体在压强改变时不太会扩张或收缩。首先，如果倒置的瓶子是一个薄壁的塑料瓶，那么当水流出时，水的体积会由被空气挤压的瓶壁所代替。

接着（如果是玻璃瓶，则直接进入下一步），另一个置换机制即将发生，气泡必须进入瓶中。气泡进入和水流出本质上是交错发生的，一进一出就发出了“汩汩”声。

此外，还有两个重要因素会影响液体流动速度。第一，如果瓶中液体之上存在大量气体，那么这些气体可以扩张取代液体流失。这个过程会一直持续到气压不足，此后汩汩作响的阶段将重新开始。

第二个因素则是漩涡。如果手握瓶子的方式刚好使液体形成漩涡，那么液体会移动至瓶颈外侧，在中心位置为空气柱留出空间。在液体流出前，将瓶子绕圈旋转，就可以在瓶中形成漩涡。

这些因素在水力旋流器的应用中十分重要，这个工业分离装置的造型就像一个倒置的牛奶瓶。通过观察底部液体释放的方式就可以看出这个装置的工作效率。①

为了使瓶中的液体快速流出，当瓶子呈一定角度放置时，其流动速度比瓶子完全倒置时要快。这是因为斜角倾倒可以避免发出“汩汩”声的那个缓慢阶段。如果想要加快流动速度，可以尝试马丁·彼特的建议，旋转瓶身后再倒置，并继续围绕轴心快速旋转。

我们发现，一个750毫升的红酒瓶在完全倒置时，其中的液体需要9.9秒才能倒完，但是在呈45度角斜放时则只需8.1秒。如果旋转瓶身，使其中的液体在瓶颈处形成小漩涡，那么空气可以持续进入瓶中取代倒出液体的体积，液体倒完所需的时间就减少至7.7秒。

在所有的情况下，液体流动的速度会随着液体高度减少而放缓。如果将瓶中的液体分成等体积的三份，那么当瓶子完全倒置时，这三部分液体流出瓶子所需的时间分别为2.5秒、3.5秒和3.8秒；当瓶子斜角放置时，时间分别为2.0秒、2.4秒和3.7秒；当瓶子旋转后倒置时，时间分别为2.0秒、2.3秒和3.3秒，就算你掌握了旋转瓶身这个精妙技巧，也不建议快速倾倒啤酒或任何带气的饮品。

①编者按：《新科学家》杂志为了解答这个问题做了一个小实验，结果显示，无论以何种角度放置瓶子，只有当瓶子装满液体时水流速度才是最快的，因为此时瓶口处液体压强最大。

神奇的柠檬汁 2

斯图亚特·罗勃
英国拉纳克郡 斯特拉沙文

往一杯红茶中加入几滴柠檬汁，茶水的颜色就会很快变淡很多，这是为什么呢?

艾伦
加拿大多伦多

这个问题的答案简单来说就是，柠檬汁的加入改变了茶水的酸度，茶水的颜色也随之改变，正如石蕊试纸变色一样。

如果把红茶换成煮过的红球甘蓝汁，也可以观察到类似的现象。

约翰·尤伊斯
南非贝尔维尔

茶叶中含有大量多酚物质，其含量占茶叶干重的三分之一。茶叶的颜色和味道几乎都由它们决定。

茶红素这种多酚就是红茶中存在的棕红色素，它占红茶干重的 7%至 20%。

红茶的颜色也受到水中氢离子浓度的影响。茶叶中的茶红素是弱电离酸，其电离产生的阴离子显色度高。如果用于泡茶的水呈碱性，那么茶红素的电离程度就会更高，茶水的颜色也就更深。

如果将酸性的柠檬汁加入茶中，氢离子将抑制茶红素的电离，因此茶水颜色变浅。

有趣的是，茶黄素（红茶中的黄色多酚）却与酸度变化引起的颜色变化没有关系。

你能用多长的吸管喝可乐？

Q.

伯哈格瑞
印度海得拉巴

你在喝可乐时用的垂直吸管最长能有多长？

A.

西蒙·艾夫森
澳大利亚新南威尔士州 纽卡斯尔大学化学工程学院

假设液体是不易挥发的、环境是绝对真空，那么当液体水柱的静压头压力等于一个大气压（101325 帕斯卡）时，你所用的垂直吸管就可以达到最大高度。这个压力是由 $p \times g \times h$ 计算得出的，p 是液体密度，g 是重力加速度（9.81 米每平方秒），h 则是以米为单位的高度。以水为例，它的密度为 1000 千克每立方米，这样计算得出的最高高度为 10.3 米。

但是，因为水的蒸气压为 3536 帕斯卡（在 27℃下），它在达到完全真空之前就会开始沸腾。所以，最大真空压力将为 101325 − 3536 = 97789 帕斯卡。这样计算得出的最高高度为 9.97 米。

以软性饮料为例，情况更加复杂，因为溶解在其中的二氧化碳会在真空环境下“沸腾”出液体。如果你用吸管吸得太慢，你最先喝到的只有二氧化碳，当你把气体都吸完之后，你喝到的就是没气的饮料。如果你吸得太快，那么在二氧化碳成核并形成泡沫之前，饮料就快速上升。你有可能会喝到混杂着液体和二氧化碳气泡的泡沫，液体水柱能够达到的高度可能也会更高，因为泡沫混合物的有效密度比纯液体要低。如果你吸的速度适中，那么泡沫中的气泡将结合，液体水柱的高度就会变低。

这个问题的最终答案将由两个因素决定，一个是溶解在饮料中的二氧化碳含量，另一个是用吸管吸饮料的速度。你还需要一个特殊的吸管，因为塑料吸管在真空压力下会变形。

A.

凯丝·谢拉特

英国诺丁汉

我那群 15 岁的学生们用一根厚壁塑料压力管最多可以将饮料吸到 2 米高的地方。他们如果重复吮吸、用舌头密封管子、呼吸、再吮吸的动作，那么可以将饮料吸到 4 米处。这是我的学生们达到的最高高度，如果再将实验继续下去，他们就得在楼梯井的顶端架上梯子了，我的班上有 30 个学生，这样做可不是一个好主意。

我想这个高度应该也差不多接近极限了。口腔中减小的气压和管子上端一致，外界的压力使得继续吮吸十分困难，同时，把舌头从管子末端移开也非常困难。

此外，当喉咙打开时，体内排出的气体进入真空的管子，肺内的压力就会显著下降。我们在这个情况发生之前停止实验是明智的。

A.

约翰·费尔德

南非西萨默塞特

如果你想做个实验探索自己吸饮料能力的极限，那就一定要格外小心。你不仅有可能难受地呛到，而且你的口腔中还可能因为强力吮吸而形成血疱。

几十年前，在非洲南部的卡拉哈里沙漠中，昆族部落的人们有时需要从石头小孔中吸水来喝。在干旱的季节，他们会将芦苇做成吸管，将深处的水吸出，再吐到一个公共的容器中。

当面包遇上蜂蜜

Q.

戴安娜·特罗洛普
英国格洛斯特郡 斯通豪斯

为什么一片面包涂上蜂蜜就会凹下去呢?

A.

彼特·布鲁斯林
加拿大安大略省 巴里

我的妻子对我保证说，她做的面包很好吃，涂上蜂蜜后，面包还没凹下去就会被吃光。但是，我还是来给那些慢慢吃面包的人来讲讲面包下凹的简单原理吧。

面包中含有 40% 的水分，而蜂蜜又是一种含糖量约为 80% 的浓溶液。这就意味着面包中的水分会被通过渗透作用进入蜂蜜。面包中的水分减少就会变小，但只是接触蜂蜜的那一面。因此，面包就会凹下去。

如果你先涂黄油，再涂蜂蜜，面包就不太可能凹下去。黄油在面包和蜂蜜之间形成了不透水层，使面包不会因为失水而下凹。

第四章

我们的宇宙和地球

月球消失

Q.

史蒂芬·奈恩
英国爱丁堡

如果外星飞船把月球拉走，这会对地球有什么影响呢？

A.

安德鲁·特平
英国彭布罗克郡 新莫阿特

如果外星飞船把月球偷走，那么这将引发一系列毁灭性的连锁反应，地球上的所有生命终将完结。

月球消失带来的最直接变化就是潮汐消失。虽然太阳和月球都对地球上的潮汐变化有影响，但其实月球才是主导力量。没有了月球，每天汹涌的潮水就会趋于平静。

下一个劫数的预兆将是地球自转轴线的猛烈摆动，它将从与黄道面几乎垂直的位置变到与之平行的位置。这样的摆动会带来剧烈的气候变化：当轴线成竖直方向时，地球上的任意一个位置一年之中都能获得持续的热量，但是当轴线与黄道平行时，居住在地球上的人类每年会在太阳无止境的强光下度过六个月的闷热时光，而余下的六个月将在地球寒冷的背阳面度过。

在这些灾难中最先受难的应该是一种名叫“鹦鹉螺”的海洋生物。这种软体生物优雅地生活在呈完美螺旋形的外壳中。鹦鹉螺的外壳被自然分成了几个隔间，它只生活在最外面的隔间中，而且它的外壳每天新增一层。每个月底，当月球绕地球旋转了一圈之后，鹦鹉螺就会丢弃现在的隔间，把它与其他隔间分隔开，然后进入一个新的隔间中。科学家们已经证实，鹦鹉螺的外壳新增一个隔间所需的层数和月球绕地球旋转所需的天数直接相关。月球消失会让鹦鹉螺非常困惑无助，它将永远被困在同一个隔间中，怀念曾经期待新家的日子。

A. **霍威克·伯丝**
英国伦敦

月球和地球之间的引力效应是相互的。它们围绕两者之间的某点运转，并作为一个整体围绕太阳运转。如果月球突然被外星人偷走，月球引力也会随之消失，地球的运转也会失去平衡。地球会离开现有的运转轨道，并偏入由月球和地球的位置所决定的新方向。这还可能导致地球的轨道变得更加椭圆，剧烈的温度和气候变化最终会使我们的星球不再适宜居住。

了解这些之后，我们应该更加尊敬月球，如果没有它，我们可能都不会进化成现在的样子。

A. **西蒙·艾夫森**
澳大利亚新南威尔士州　梅菲尔德

潮汐的消失会大大危害海岸生态系统。比如，红树林就是依靠规律的潮汐运动来吸收养分的。同时，洋流也会发生变化，导致气候的剧烈变化。

此外，我们夜间的主要光源也消失了。这会影响所有夜行性动物的生活习性以及一切与月球周期有关的生物习性同步。猫头鹰捕食会更加困难，昆虫求偶也会更加困难，因为它们是朝着月亮飞行的。①

①编者按：许多读者在看到这个问题后与我们联系，为了安抚他们的不安与忧虑，我们在这里声明，我们并没有任何有关外星人计划偷走月球的内幕消息。即使外星人很幽默，但它们的文明比我们先进数百万年，它们大概也不会上演这样的闹剧。

太空指南针

Q.
本
英国肯特郡 汤布里奇

如果你带着一个指南针进入太空，当你离开地球表面多远的时候，指南针才会失灵，无法指示北方？当你进入太空之后，指南针应该会受到太阳或者其他星球磁场的影响，那我们又该如何理解它所指示的方向呢？

A.
史蒂芬·米兰
英国莱斯特

在离地球表面 60000 千米朝向太阳的太空中，我们就离开了地球的磁层，进入了太阳风，它承载着太阳磁场。在平静的太阳周期中，太阳的磁场因为旋转而呈螺旋形，就像从一根旋转的软管中发射出螺旋状的水流一样。

为了了解太阳磁场和太阳风是如何与地球磁场相互作用的，太阳系中的航天器测量了磁场的维度。以极光为例，它就是太阳和地球磁场相连，太阳风离子流进入大气层的产物。

在地球远离太阳的一侧，地球磁场在与太阳风的作用下形成了长长的磁尾，一般长达 700 万千米，甚至更长。在这个地磁尾中，指南针会指向其尾部，既可能朝向地球，也可能远离地球。

如果我们离开太阳系，来到太阳风无法作用的“太阳风层顶”之外，进入星际空间（大约距离地球 150 天文单位），那么指南针就会受到银河场的影响。在这里，这个磁场指示器应该会指向罗盘座。

太空导航

哈沃·艾伯
澳大利亚维多利亚州 霍桑

我是一名徒步者，也是一名飞行员，如果我想从 A 点到 B 点，我可以根据指南针上的磁航向来确定方位，到达目的地。那宇航员或自动探测器是利用什么原理确保在太空中的航向的呢？

约翰·瑞奇费尔德
南非西萨默塞特

你在导航时需要知道目的地的相对位置，以及如何确认最终路径。在太空中，你的朝向和位置同样重要，你要做的第一件事就是找到太阳和一颗已知且明显的远距离恒星的位置。

天狼星就是一个不错的例子了，但是它的位置距离天球赤道比较近，有时候太阳会挡住它。老人星这个例子应该更好：它跟天狼星一样亮，位于天球南端，离太阳非常远。根据太阳和这些恒星的位置，你可以计算出自己的朝向，同时运用雷达、宇航地面指挥中心的数据或目视观察来定位其他天体。之后，陀螺仪将阻尼振荡并探测方位的微小变化，你还可以利用多普勒测量计算出你的速度。

在天空中，如果知道你在太阳系中相对于主要物质的轨道，那么你就可以根据航位推算来导航很远的距离。只有当你利用推力来调整航线时，或即将撞上某物时，或需要进入精确轨道时，你才需要查看具体位置并做出调整。

A.

亚力克丝·斯旺森

英国白金汉郡 米尔顿凯恩斯

阿波罗计划就是根据地面上的雷达测定位置和周围环境，利用多普勒测量计算径向速度。当航线需要改变时，人们是先在地面使用电脑计算，再用无线电通知飞船上的机组成员。此后，具体的数值会被输入飞船上的电脑，电脑控制发动机点火。保险起见，机组成员都曾接受严格的训练，他们可以通过分析星象来计算航向的改变。但是，这样的情况并没有发生过。不过，阿波罗13号飞船曾经有一次改变航线时，电脑失灵，必须手动控制发动机工作。

星球弹珠

Q.

丹·朱厄特
美国加利福尼亚州 索萨利托

如果宇宙中的一切都是在大爆炸中产生的，并且宇宙从那时开始就在不断扩张，那么，两个古老的星系是怎样碰撞的呢？

A.

格兰特·托普森
意大利罗马

星系之间发生碰撞是因为宇宙的扩张，而不是太空中的物质运动。局部运动和整体扩张是相对独立的。仙女座星系正在朝我们移动。

A.

波格丹·尼奇
捷克布尔诺

宇宙大爆炸不同于普通的爆炸，在普通的爆炸中，一个物体会被炸成许多碎片，而宇宙大爆炸则是太空的扩张。

在宇宙学中，星系常被类比为气球表面的纸质圆点。当气球充气时，星系也渐行渐远，它们之间的空间也在扩大。在这个类比中，代表三维宇宙的是气球的表面，而不是气球内部的体积。

星系在气球表面时可能有它们各自的轨道，这是由其他星系的引力决定的。星系的运动与宇宙的扩张不同，因此星系会发生碰撞。

史蒂芬·米尼尔
美国乔治亚州 亚特兰大埃默里大学

总的来说，宇宙在不断扩张，但引力的存在确保了并非所有物质都会远离宇宙中心。以围绕太阳运行的地球为例，我们花了一半的时间在朝着远离宇宙中心（无论它在哪里）方向运动，而另一半的时间又朝向它运动。

宇宙大坍缩

Q.

山姆·霍普金斯

电子邮件来稿

如果在宇宙大爆炸之后，反物质战胜了物质，那么我们的宇宙还会是现在这个样子吗？

A.

迈克·芙洛斯

英国西米德兰兹郡 威伦霍尔

生活在反物质所主宰的宇宙中就像生活在镜像中一样。实际上，我们并不会察觉到任何不同。所有的正电荷会变成负电荷，反之亦然。但是，对于在反物质宇宙中学习物理的人来说，电子围绕带正电的原子核运动，就会变成正电子围绕带负电的原子核运动。

A.

约翰·瑞奇费尔德

南非西萨默塞特

直到20世纪60年代早期，人们都会这样回答这个问题：“我们认为，宇宙没有理由会改变。”自那以后，人们发现了物质和反物质之间的一些微妙区别，于是回答变成了：“宇宙有可能会改变，但如果要解释它为什么会改变，以及如何改变，现在还为时尚早。”我们甚至还不知道为什么物质会主宰我们的宇宙。这很有可能是因为某种随机的不对称性，但也有可能是因为反物质在当时的主导环境中不稳定。

那么，有没有一种与我们的宇宙相对等并且存在生命的反物质存在呢？我们无从得知。在我们的物质宇宙中，恒星演化和生物进化的速度都非常慢，但这并不意味着不存在一个高速进化的宇宙。即使现在，也有一些人认为，在中子星夸克汤的超高速反应中，拥有文明复杂性的生物结构可能在我们认为的一瞬间出现并消失。也许在反物质消失的时候，一个像我们生存其中的世界同样复杂的世界也曾诞生。又或者，因为反物质也可以被理解为时间的倒退，所以有可能它还没有开始。

A.

维尔尼斯·维斯玛

英国格洛斯特郡 纽恩特

你怎么能够确定反物质没有战胜物质呢？

地幔倾废

Q.

艾派克·帕帕斯
美国亚利桑那州 坦佩

将核废料用混凝土包装并埋在地质俯冲带下，让地幔将其消耗，这是不是一个有效的处理方式呢？如果不是，为什么呢？

A.

山姆·利特尔
英国柴郡 黑尔

在原子能出现初期，就有人提议将放射性废料埋入俯冲带。还有人提出将废料桶扔到南极洲的冰雪之中，让它们自己融化到冰盖底部。

实际上，俯冲带处理法虽然理论依据十足，但是实际操作起来却有许多问题。俯冲带本身既不稳定又变化莫测，发生俯冲作用的海洋地壳板块上的沉积物容易被刮下，而不是带入地幔，进而形成增生楔柱。这会使得废料不久之后将被重新挤压至海床。通过钻孔将废料带到地壳玄武岩层，可能可以解决这个问题，但是在俯冲带下这么深的地方钻孔根本不可能。

有人提出了一个更加简明的海床处理法，那就是将废料埋入深海黏土之中，深海黏土覆盖了大部分相对更浅、地质稳定的深海平原。海床处理法可以通过两种方法来实现，一是先钻孔，再把桶中的废料通过小孔倾倒进去，二是将废料通过火箭形的“针入度计”倒入海中，“针入度计”下降的动能被用来在软质黏土中探索。当然，这些方法都存在一些问题，但是这样做至少可以确保废料被埋在一个稳定且不可渗透的环境中，即使废料桶发生严重泄漏，废料也会被周围软泥的黏土颗粒有效吸收。

但是，以上这些方法不太可能在近期得到应用，因为 1983 年颁布的

《伦敦倾废公约》就禁止了向海中倾倒放射性废料，1993 年，这项公约进一步禁止了低放射性废物的倾倒。

海平面高度

Q.

莱格·夏普

电子邮件来稿

海洋学家是怎么知道海洋平均深度的呢？他们在进行计算海平面这件非常重要的工作时，似乎可以精确到厘米地说出海平面升降。即使在一个风平浪静的日子里，海平面也会因为当地波浪运动而有所变化，更不用说由潮汐和涌浪引起的变化。

A.

西蒙·霍盖特

英国伦敦

洋底测绘是通过卫星测量重力异常来完成的。因为洋底是静态的，所以可以通过长时间的测量均值得出高精度的结果，不过很遗憾，测量结果并不能精确到厘米。不管怎样，知道海洋的平均深度对于测量海平面的升降并不是很重要。

海平面一般是通过海岸验潮仪测量的，而全球范围的海平面则是通过卫星高度计测量的。测量海平面的仪器既可以是古老的浮子式验潮仪，也可以是声传感器或雷达。如果将验潮仪矗立在一口“静水井” 中，其实就是一根下端开口的竖直管道，开口的直径差不多是管道直径的十分之一，那么由海浪引起的海平面高度的频繁变化就可以被消除。静水井将渐次减弱海浪的强度，同时使潮汐和涌浪得以测量。

卫星高度计测绘的图片更加复杂，大气压强、水蒸气含量、环境因素、海浪和潮汐的影响都要纳入考虑，因此许多数据都需要调整。整个过程非常复杂，即便如此，高度计还需要与验潮仪校准。

对于验潮仪和卫星高度计来说，求平均值是使结果精确到毫米的最好办法。卫星得到的数据是以 7 千米为直径的区域内的平均值，此外卫星和验潮仪得到的数据都是一段时间内的平均值。这样，潮汐、海浪、风暴，甚至季节周期的影响都从数据中除去了，所得到的平均海平面高度就十分精确了。

验潮仪每月平均测量数值的全球数据库位于英国平均海平面长期观测所。数据显示，在过去的一百年间，海平面每年上升 2 毫米。在过去的十年间，海平面每年上升将近 3 毫米，但是，这到底是暂时波动，还是长期变化，现在断定还为时尚早。

A. **迈克·夫洛斯**

英国西米德兰兹郡 威伦霍尔

测量海平面所用的验潮仪需要立在一口静水井中，以防止受到海浪冲击。这个仪器只能测量陆地和海洋的相对高度，但是不只海平面的高度会变化，陆地的高度也会因为板块构造理论和其他自然过程而变化。此外，主要港口的验潮仪还会受到城市化的影响，因为大城市的负重可能使得土地局部下陷，进而导致海平面测量数据不准确。以南澳大利亚州阿德莱德为例，人口密集定居加速了城市地下水的移动，使得整个城市相对海平面有所下降。因为验潮仪会受到诸多因素的影响，所以卫星高度计才是准确测量海平面上升与否的选择。

在此背景下，海平面每年因全球变暖而上升 1.7 至 2.4 毫米，这样的结果似乎有些不可思议。海平面上升的主要原因是水的热膨胀，陆地上的冰融化也会有所影响。

A. **泰德·布莱特**

澳大利亚新南威尔士州 卧龙岗大学理学院副院长

卫星上的雷达高度计常被用来测量海平面高度。如果已知卫星的高度，那么其测量的海平面高度误差就只有几厘米。

人们可以利用某一地点上方的卫星高度计平均值测绘出海平面的短期变化，这些变化可能是由季节性升温、河道流量和水分蒸发所引起的。长期观测的平均数据则可以显示出由南方涛动和北大西洋涛动等现象导致的海平面变化。根据卫星高度计对全球海洋长期观测得出的平均数据显示，全球海平面在一年之间上升了 2.3 毫米。

海平面测绘结果中最重要的一点就是它反映了海底的特征。海底山所增加的质量导致了重力的增长，并使得海平面有所上升，同时海底洼地又导致局部海平面下降。

人们使用卫星高度计只花费了几年时间就测绘出了从前未知的海底形态，而如果使用传统方法可能就要花费 100 年的时间。海底测绘所提供的信息极其珍贵。比如，人们使用高度计测绘的海底地图，在新西兰南部 20 千米的范围内定位了一个陨石坑。如果使用船载仪器，则几乎不可能发现这个陨石坑，而且还会耗费大量资金。

海水颜色

Q.

彼特·斯克特

英国诺福克

我一直以为，海水的蓝色是反射了天空的颜色。我在马耳他度假的时候却发现，洞穴中的海水也是澄澈的天蓝色，但海水上方却没有天空。海水为什么会是蓝色的呢？

A.

约翰·尤伊斯

南非贝尔维尔

海水呈现蓝色是因为它能够吸收除蓝色之外其他波长的光，波长较短的蓝色则被反射出来。水和水中一切物质对光的吸收和反射就造成了光衰减。

海水颜色的变化主要是由浮游生物的种类和比例的变化引起的。热带地区的海水之所以非常清澈，是因为其中缺少悬浮沉淀和浮游生物，热带水域生物生产率并非人们常常误以为的那样高。事实上，与温度较低、浮游生物较多的温和海洋区域相比，热带水域几乎无法孕育生物。无机微颗粒和水中溶解物也会反射和吸收光照，这也影响了水的清澈度。

A.

艾伯特·戴

英国诺福克

这个现象是由水分子选择性吸收光照所引起的，主要是因为水分子中的氧吸收了可见光谱中的红色那端的光波。同理，两极的冰块和大型的冰川看上去都是蓝色的。

A. **约翰·瑞奇费尔德**

南非西萨默塞特

光的反射是海水显色的主要原因，但不是决定因素。即使纯净的水都带有一点蓝绿色，那是因为它过滤掉了光中的红色和橙色。但是，海水中的杂质，特别是有机物质，对海水颜色的影响更加明显。

问题中所描述的洞穴里，这里的光与我们一般看到的光相比，穿越了更厚海水层。海水彻底地吸收了除蓝色和绿色之外其他波长的光，以至于海水呈现出天空的颜色。事实上，海面光线中几乎不含红色，当海军士兵在潜水艇中工作了几天回到海面上时，他们会觉得周围的一切看上去都异常发红。

A. **罗伯特·格雷特斯**

西澳大利亚温布利丘陵

无论有没有太阳光照，南澳大利亚州芒特甘比尔附近的蓝湖一直都是蓝色的。蓝湖坐落在石灰岩区域之中，富含碳酸钙。湖水的颜色是由水中悬浮化合物的细微颗粒反射的蓝色光线所决定的。

海水中的碳酸钙一般过于饱和，但是水中的镁会阻止沉淀析出。然而，当海水和石头或土壤中的碳酸钙矿物方解石接触时，沉淀就会析出。这有可能就是马耳他岛地下洞穴中海水呈天蓝色的原因。

岩浆冲浪

本·威廉姆斯（6岁）

英国布里斯托

如果我必须要从炽热的岩浆流上冲下来才能保全性命，那么我应该站在什么样的冲浪板上才能保证它不被岩浆融化呢？

拉德科·艾斯特尼克

斯洛文尼亚卢布尔雅那

你只需要一块老旧的冲浪板，并在上面打许多孔，然后在冲浪板上放置一个水箱，并将这些孔和水箱相连。从孔中流出的水遇到岩浆后的效果，就像在一个滚烫的铁板上吐口水一样——水滴会在板子上跳动很长的一段时间，这是因为一层薄薄的蒸汽将两者分开，而蒸汽的导热性很差。

同理，因为冲浪板和岩浆之间会形成一层蒸汽膜，所以你也可以在岩浆波浪上冲浪了。冲浪板和岩浆之间的摩擦力几乎为零。我想我们就把这个发明称作“呲呲板”吧！

罗斯·费尔斯道

美国伊利诺伊州 温内特卡

一块岩浆冲浪板不仅要能够防止被融化，还必须比岩浆密度小，并保护你的双脚。

如果你被困在了火山口，你需要冲下岩浆才能逃生，那么你只能使用手边的材料。幸运的是，火山不仅产生岩浆，而且也产生地质组成类似岩浆且密度小于岩浆的固体材料，它们因内含气泡而更加隔热。

一块50厘米厚、1米宽、2米长这种材料的厚板既可以浮在炽热的岩浆上，也不会快速融化。我猜想，它可以带着你滑行1.6千米或者更远——但愿那时候你已经到达了干燥清凉的地面。

然而，如果你之前就已经知道了你将要在岩浆上滑行，那么你可以使用抗热、难熔的材料制作一条小船，它不仅不会被岩浆融化，而且还能载着你走很远。与冲浪板相比，这条小船在竖直方向上也能为你提供更好的保护，防止岩浆的热度伤害到你。

炽热的岩浆温度一般在1400℃左右，最高可达1650℃，这取决于岩浆的化学成分，因此，制作小船的最好材料是高纯度的矾土耐热混凝土。它由熔点为2000℃的氧化铝组成，几乎不与岩浆发生反应，内含空心气泡，密度稍小于岩浆，将浮在岩浆之上，同时也是很好的绝缘体。

你在制作这条小船时，需要先在地上挖出一个小船外形的深坑，并将深坑四周的土压紧压平，以此作为小船的模具。然后，你需要沿着模具铺一层塑料布，并混合干混凝土和适量的水，制成浓膏。之后，用10厘米厚的浓膏覆盖塑料布，在此之上再铺一层塑料布，随后在深坑中倒入水让混凝土凝固。一周之后，小船就成型啦！

A.

麦卡隆·尼克罗斯

英国白金汉郡 埃尔兹伯里

如果熔点是唯一需要考虑的因素，那么你这个问题就不是很难。不同的火山岩熔点不同，流纹岩的熔点接近900℃，英安岩接近1100℃，安山岩接近1200℃，玄武岩接近1250℃。如果使用熔点为1400℃的铁来制作冲浪板，应该会很安全，不过，使用熔点为3422℃的钨效果会不会更好？

但是，为了让你的双脚不被烫到，使用一种非金属隔热材料可能会更好，比如下面这些陶瓷——三氧化二铬的熔点是2250℃，三氧化二铝的熔点是2050℃，这两种材料制成的冲浪板都会很安全，同时也能保证你的双脚不被烫到。

不过，我猜测，这个六岁的提问者可能很难获取这些材料，因此，我建议他使用橡木。所有的木头尤其是橡木，在燃烧时都会产生保护性碳化层以减缓燃烧进程。事实上，人们在设计木结构时就考虑到了这个碳化层的防火作用。木结构总是设计得比实际需要大一些，万一起火，结构完整性还能保全。在冲浪板外侧加上一圈细钢板衬层可以增加耐磨性，万一冲浪者想回到火山口，重复这个实验，也没问题。

A. **彼特·布鲁克斯**

南非开普敦

隔热并不是唯一的问题。当我在撒哈拉沙漠的时候，我看到一些可爱的沙丘，觉得从上面冲下来会很有趣。但遗憾的是，沙子和木板之间的滑动摩擦系数不太对，即使在最陡峭的沙丘上，你也只是坐在上面，并不能冲下来。

你可以通过一些表格计算出两个物体之间的滑动摩擦系数，打过蜡的滑雪橇和雪之间的摩擦系数的数据就比较理想。我使用的表格有点老旧，上面并没有和岩浆相对应的数值。如果这位提问者以后想成为火山学家，那么他要做的第一件事情应该就是实验并计算不同材料和岩浆之间的摩擦系数，这样他就可以设计出一个合适的逃生工具了。

当然，他在工作的时候必须又快又准，不然他的工作生涯可能会提前结束。

最长海岸线

本·卡多雷
英国南约克郡 谢菲尔德

如果地球上的海洋面积减少并最终消失，那么海岸线也就不复存在。同样，如果海平面不断上升，那么当海平面超过珠穆朗玛峰时，全球海岸线长度就会变为零。在这两个极端之间，一定有一个时刻，地球上的海岸线达到最长。按照现在的海平面高度计算，这个时刻会何时到来呢？我们离理想的沙滩假日还有多远呢？①

菲利普·格拉夫斯
英国伦敦

因为地球表面超过一半（约71%）的区域被海洋覆盖，所以所有陆块，不论大小，都可以被看做是岛屿。岛屿的特点之一就是它们的地势是向海岸倾斜向下的，像是一个部分被浸没的圆锥体。这就意味着，海平面上升会导致海岸线变短，相反，海平面下降就会导致海岸线变长。

因此，总长度约为860000千米的全球海岸线只有在海平面下降时才会变长。当海岸线不断变长直至海洋面积不足地球表面的一半时，海洋就可以被当做湖泊。湖泊与岛屿的情况正好相反，水平面下降，海岸线长度也会减少。

考虑到海洋和陆地的比例还远不到1∶1，海洋的平均深度大于陆地的平均高度，因此，达到最长海岸线时的海平面高度要比现在低很多，

①编者按：这个问题并不简单。从下面的回信来看，如果我们将陆块看做简单的锥形体，那么海岸线长度会随着海平面下降而增加。如果我们将真实复杂的地势考虑进来，那么问题的答案就更说不清楚了。最后，如果我们测量海岸线的规模渐小，那么我们已经拥有了无限的沙滩！

大约低几千米。

为了了解海岸线何时才能达到最长，你需要建立一个涉及所有陆块和海床地势的复杂计算机模型，并用它来计算海岸线的长度。

A.

希拉里·肖
英国利兹大学地理学院

当海平面和地平面相对平稳时，海岸线会趋于变短。这是因为岛屿的陆岬和靠海的一面会被腐蚀。这样产生的沉积物和陆块顺水流失的沉积物会汇聚到港湾和河口，因此，岛屿和陆地会被连岛沙洲连通在一起。如果陆地是由硬质岩石组成的，那么这个过程就会慢一些，如果陆地是由沙子或泥土组成的，就会快一些。

英格兰东海岸东安格利亚几乎笔直的海岸线就是一个好例子，比尔和耶尔河口几乎被填满，陆岬遭受海岸腐蚀。但是，在海平面平稳的苏格兰西南海岸，岩石更加坚硬，所以海岸不会很快被腐蚀。

海平面上升（或地平面下沉）会导致长长的且不规则的溺河谷海岸线（又称里亚斯型海岸）。英格兰西南部的南康沃尔和德文就很好地展现了这一过程。其他被淹没的海岸同样拥有很长的海岸线，比如希腊群岛或是达尔马提亚海岸。海平面下降（或地平面上升）同样会导致长而不规则的海岸线，因为许多水下岩石和沙洲出现，波罗的海北部就是这样。

海平面变化（又称海面升降变化）主要是由全球气候变化引起的，海洋扩张到更热的气候中，陆地上的冰原融化，这都导致了海水体积的增长。地平面的变化（又称地壳均衡变化）则主要是由地壳板块运动引起的。这两种变化有时同时发生。气候变化也会引起地壳板块运动，比如，当冰原融化并滑落陆地时，地平面就会随着重量减轻而上升。火山爆发也会改变地平面高度，同时也改变气候环境，火山爆发所释放的二氧化碳或火山灰，会分别使地球温度升高或降低。

考虑到地球现在的水资源储备，全球最长海岸线大概在几千年前就达到过，大约在最后一个冰河时代的末期。非冰封地区的河谷可以降低至更低的海平面，随后当海平面上涨时，它已经准备好，生成长长的、不规则的里亚斯型海岸。从那之后，许多里亚斯型海岸再次填充，比如英格兰南部的苏塞克斯海岸。

如果你可以移除足够多的海水，使海平面下降 1000 米，那么里亚斯型海岸就无法形成，因为地球上没有河流在那么低的地方流动，因此，也就没有河谷可以被填充。实际上，因为远离海洋的内陆地区大部分将会变为沙漠，所以以后河流几乎将不复存在。全球海岸线长度也将比现在大大缩短。

同理，如果你可以增加足够多的海水，使海平面上升 1000 米，陆块面积会比现在小很多，即使里亚斯型海岸再多，海岸线总长度也会变短。此外，海平面很高时，里亚斯型海岸会更短，这是因为，在海平面之上的河流会趋于陡峭。

A.

彼特 · 韦博

英国德文郡 埃克斯茅斯

有一种答案是这样的，无论地球上的海水有多深，海岸线的长度都是一样的。假设我们以一根长棍作为单位长度去丈量海岸线的长度，将木棍的一端放在海水的边缘，然后放下木棍，使其另一端也在海水的边缘。假设水面是完全静止的情况下，在这根木棍的两端之间，海岸线则是曲曲折折的。所以，用这根木棍测量出的海岸线长度会比实际长度短。

现在，我们换用一根只有之前一半长的木棍。用这根木棍测量出来的海岸线长度会更加准确，但是海岸线还是会在木棍两端之间曲折扭动。海岸线的这种不规则碎片性特征导致了海岸线长度结果千差万别。事实上，当我们将海岸线放大仔细观察，就会发现，无论我们用的木棍有多短，直至砂砾大小，海岸线还是会在它的两边曲折蜿蜒。这就得出海岸线的长度会越来越长，几乎无限长大概是最准确的说法了。

缩小的地球

电子邮件投稿，未提供姓名或地址

我曾经听说，如果地球缩小为壁球大小，那么地球将比真正的壁球更光滑。这是真的吗？反之，如果壁球扩张到地球的大小，那么山会变成多高？

蒂姆·科比
英国北安普敦郡 伊斯林伯拉

要回答这个饶有趣味的问题，我们首先需要确定缩小地球的比例系数，以便把地球缩小到壁球尺寸。地球赤道的直径为 12756 千米，普通壁球的直径为 4.4 厘米。这意味着把地球缩小为壁球的大小，其大小必须乘以 3.45×10^{-9} 的比例系数。

要想比较地球和壁球的表面光滑度，我们需要知道两者表面的变化，即最高点和最低点之间的差距。

对于壁球来说，这是一个简单的过程，因为在它的表面，高于平均高度的区域很少，但有很多小的凹槽或下陷无法避免。由于这些下陷深度大约为 0.1 毫米，所以表面高度变化可视为约 0.1 毫米或 10^{-4} 米。

对于地球来说，它的表面最低点是马里亚纳海沟，其最深处的挑战者海渊在海平面以下 11034 米。地球表面的最高点是珠穆朗玛峰，其高度约为海平面以上 8848 米。因此，地球表面的高度变化为 19882 米。

如果我们使用上面计算的比例系数，按比例把地球缩小到壁球大小，其表面变化将是 6.86×10^{-5} 米或 0.0686 毫米。该值实际上是壁球值的大约三分之二，所以，提问者听到的说法实际上是真的，如果地球按比例缩小到壁球大小，它的表面确实会比普通壁球更光滑。

现在说说问题的第二部分。壁球表面上无任何凸起的区域，这意味着，它的表面大部分是下陷或凹槽。因此，如果壁球按比例扩张到地球大小，那么山峰将不复存在。

但是，凹陷将会大量存在。事实上，如果我们按比例扩大壁球表面上的凹槽，我们将得到一些近 29 千米深的凹陷。

如果这些凹陷和地球表面的海沟一样，那么它们将穿透 6 千米厚的海洋地壳，延伸穿过莫霍洛维奇不连续面，地壳在这里和地幔相会深入地幔之下。这些凹陷不仅非常深，而且可能宽达 60 千米。

A.

史蒂芬·福布斯

英国西约克郡利兹

如果地球被挤压为壁球大小，那么其密度将变得非常高，以至于成为中子态或黑洞。

如果地球变成中子态，那么它表面的重力将是你现在感觉到的重力的一百万倍以上，足以消除其表面的任何不平整。如果地球变成黑洞，那么它将没有表面，只是光滑的视界。

把壁球扩张到地球大小则有一些不同。如果我们假定壁球主要是由碳原子组成的，重量为 1 千克，那么在每立方厘米中将只有约 22 个原子。我相信外太空边沿上的地球高空大气都比它密度大。

远行的波浪

大卫·约斯通
英国米德尔塞克斯郡 豪恩斯洛

我和妻子一边品葡萄酒一边讨论，我们把石头扔到梅诺卡岛的休达德亚地中海海港，是否能够激起最终到达北美海岸的波浪。她认为不会，因为波浪需要通过直布罗陀海峡并跨越大西洋，同时遭受其他波浪、海岸和海底的摩擦以及风暴的袭击。我则认为波浪在遇到海岸之前是无穷无尽的。谁的说法正确呢？

西蒙·艾夫森
印度尼西亚 老兵建设大学

你的妻子是正确的。以流体运动的波浪不是无穷无尽的。因为波浪的传递会导致水向上和向下的位移，在此过程中能量会减少，所以，黏性力会导致相关能量消耗一直存在。

另外，当波浪展开时，其能量随着周界越来越大而分布，导致能量密度下降，直到它相对背景噪声不可测量为止。在深水中移动的波浪不会形成很大的位移，因此其能量消耗速率相对较慢。这也是为什么海啸能够传递很远的距离。但是，在浅水洼或地中海相对较浅的水域中，其能量消耗就会非常快。

A. 迈克·福罗斯

英国西米德兰兹郡 威伦霍尔

波纹在不断上升的同心圆中扩散。我们来做一个不太现实的假设，即波纹的高度与产生并维持它的能量成正比，且无摩擦损失，则波纹的高度就与其半径成反比。这是因为在波纹任何一点处，与之相关的能量必须分散到不断扩大的圆周全部周长上。

因此，当波纹通过直布罗陀海峡 1000 千米以外，其半径增加了百万倍，与圆形波纹半径只有一米时相比，其振幅也减少至百万分之一。如果最初波纹高度为 10 厘米，那么当它离开地中海时，其高度已经减少到无法察觉的 100 毫微米。

原则上，波纹应该能够无干扰地通过其他波浪。但是，如果像提问者所说，波纹需要到达 6500 千米以外的美国海滩，那么它大概只能有 10 毫微米高，相当于 100 个原子的厚度。考虑到空气摩擦和水的黏性，这个高度实际上都无法达到。更糟的是，在休达德亚根本无法看到直布罗陀海峡，波纹需要被北非或通过的船只折回，这将涉及更大的能量损失。

波浪一般是有能量源维持的，该能量源就是风。当你向水中投掷一颗石头的时候，石头激起的波纹必须依靠极少的能量来维持生存。更糟糕的是，波浪消耗能量的速率与波浪长度成反比，因此，在波浪长度极小的情况下，波纹会很快消耗其初始的少量能量。另一方面，海啸（如 2004 年底在印度洋发生的那次灾难）是由海底地震等事件所释放的巨大能量所造成的。它们的波浪高度一般为 500 千米，当它们向遥远的陆地前行时，它们所损失的能量其实非常少。在深水中，它们可以超过喷气式飞机，但是，如果波浪高度在 1 米左右，它们抵达船上时已不能被注意到。但是，当它们达到浅水时，它们变慢并开始“浅水作用”，通常达到很高的高度，并且有时在内陆也前行很远。这在规模上大致等于往浅水潭中扔石头。

马丁·雷德
美国维吉尼亚州 黑堡

你是否注意过，当你往静止的池塘中扔下鹅卵石后，激起的波浪很快会消失？水的黏性将阻止你所激起的波浪，因此波浪还没到达直布罗陀海峡，就已经消失了，除非你扔下的是一块真正的巨石。

帕特里克·乔纳森
美国俄勒冈州 波特兰

即使一个初始为圆形的波阵面没有碰到海岸，其波峰高度也会变小，且与其和起点距离的平方根成反比。

开始时，一块小岩石直接落在深水中形成的整个波浪为圆形图样。但是，当波阵面的各段在不同的时间、以不同的角度、被不同的海岸线折回时，该图样便被打破。

如果海岸线非常浅且是沙质的，或类似沼泽，那么当波浪前段到达海岸线时，其所有能量基本上都会被海岸的各种元素所吸收，因此不会产生明显的折回。只有当波阵面的一段撞击到类似深水中的光滑坚硬的悬崖侧时，我们才能期望近乎完美的折回会发生，既朝向单个主要方向，又无大量能量消耗。但是，如果水平面处的悬崖侧的水平轮廓是参差不齐的，而不是波峰比例尺寸处的光滑轮廓，则波段变得离散，碎片在不同方向被折回。

查看地中海的详细地图就能明显发现，岩石跌落到梅诺卡岛的休达德亚海港产生的波阵面，在没有撞击大量的海岸并被每个海岸折回的情况下，不能行进到直布罗陀海峡并进入大西洋。

风是另一个因素。水体中的大多数表面波浪是由风引起的。如果岩石坠入水中形成的波阵面按照与微风相同的方向行进，它可能会变得更大。但是，强风可以彻底使其变形直至其特征丧失。

看起来岩石坠落到休达德亚海港产生的原始波浪的任何有效部分不太可能到达直布罗陀海峡，更不用说北美了。但我很佩服这种提问的精神。

不能滚雪球的雪

莫拉格·雪诺
英国邓迪

去年冬天我在苏格兰度假，有一天刚刚下过雪，我发现那些雪无法做成雪球。那一天非常冷，但是雪却无法像往常那样团在一起。我的朋友在阿尔卑斯山上也遇到了同样的问题。这是什么原因造成的呢？

鲍勃·莱德
英国爱丁堡

一个英国人提出这样的问题一点也不奇怪。来自加拿大或北美的人就不会认为雪“通常”能够团在一起做成雪球。所有加拿大小孩和许多北美小孩都知道，有的时候雪适合“压紧”，有的时候却不适合。

我的童年是在北美度过的，根据我那时的回忆来看，温度是一个相关变量。当气温稍微低于冰点时，英国往往会开始下雪，这时的雪通常是湿润的，大片大片的雪花很适合压紧。当气温真的冷下来，达到 −20℃时，雪通常为干的、粉末状的，而且不太适合压紧。我猜想，雪的水分含量决定了它在人手压力下形成的冰的数量，这些冰正是雪能够团在一起的原因。

我的一个同事也是在北美寒冷地区长大的，他提醒我说，当温度远高于冰点时，你所制作的雪球会变为雪泥。因此，在特定温度范围内的雪才适合压紧，正巧英国的雪的温度通常不在这个范围之内。

A.

米尔克·福罗斯

英国西米德兰兹郡 威伦霍尔

只有含有50%液态水的“湿雪”才适合制成雪球，而这便要求空气温度在冰点左右。

1842年，迈克尔·法拉第（Michael Faraday）提出，湿雪的冰粒上有一层薄薄的水膜，这层水膜使雪能够团在一起。他还在一池冰冻的水中悬浮了两块冰，为了证明只要让两者接触就足以使它们粘在一起。

开尔文（Lord Kelvin）则有不同的解释。挤压雪球使得冰晶的各个点相互接触。虽然我们的手不能施加更大的压力，但是冰晶尖锐点处的局部压力足以导致其融化。一旦该压力释放，水就会再次冻结。但是，雪的温度越低，其所需压力就越大。

我们现在对物体的表面有了更加深刻的理解。冰粒表面上的水分子在空气中则不与任何东西粘合，它们因此拥有过多的能量。如果两个表面合在一起，那么能量就会下降，正如法拉第观察到的那样。

但是，如果这就是完整的解释，那么我们应该还能在低于冰点的温度下制作雪球。在非常低的温度下，各种各样、大小不一的雪花，不会紧密地团在一起。但是，在接近冰点的温度下，单个水分子变得更加自由，并在表面上移动，填满雪花之间的间隙。这样才能确保相邻雪花能够更好地团在一起。雪花之间的接触面积越大，它们更容易团在一起。

罗盘磁性

Q.

阿兰·斯隆
英国德比郡 巴克斯顿

在小说《白鲸》中，一艘木制捕鲸船在日本东南部遇到了台风，并遭受了雷击、闪电和圣艾尔摩之火。结果，船上的罗盘针磁性发生逆转。作者赫尔曼·梅尔维尔（Herman Melville）还写到这样的罗盘逆转“曾不止一次发生在遭遇强力暴风雨的船只上”，而且有时当船上索具被闪电击中时，罗盘指针的磁性可能完全丧失。这是事实还是虚构？如果是事实，那么这是如何发生的呢？

A.

阿兰·雷德
英国西约克郡 利兹

赫尔曼·梅尔维尔的断言是完全有道理的。闪电涉及了高强度的电流并带有强磁场。它们可以轻易反复磁化具有高矫顽力（对应有磁场效应具有高阻力）的露出地面的岩层。从岩石磁化中可以推断出电流强度已经超过 10000 安培。相关磁场可以轻而易举地使罗盘指针磁性消失或逆转。

A.

莱格·里斯托
美国斯托尔兹 康涅狄格大学材料科学院

移动的电场可以产生磁场，如闪电这样的放电现象可以轻松导致罗盘指针磁性消失或逆转。

提问者并没有提到，亚哈船长（Captain Ahab）通过撞击修帆工的针并使其磁化而制作了一个新的罗盘。这是有事实依据的。我曾经不止一次演示了这个现象，当我意外地使一副用于处理冶金样品的昂贵钳子掉在地上后，钳子就已经被磁化了。

铁磁性材料由微观磁畴组成，微观磁畴可能朝向任意方向形成消磁状态。如果将磁畴朝向差不多相同的方向，那么铁磁性材料就会被磁化。在一些情况下，一记猛击也能传递足够的能量，导致这样的情况发生。

云中的水分含量

詹姆斯·丹
英国赫特福德郡 赫默尔亨普斯特德

地面观察员能否计算出特定云中的水分含量？这与云的大小和颜色有关系吗？如果可以，那他们是如何做到的呢？我想了解其中的奥妙，让我的朋友刮目相看。如果不可能，是否可以用更科学的方法来计算？[1]

艾伯特·泽尔斯拉特
英国曼彻斯特大学物理系

云中的水分含量与云周围晴空中的水分含量没有差别，但晴空包含水蒸气，而在云里水蒸气使空气饱和，它从空气中凝结出来才形成云。两种状态的差别是温差而不是水分含量造成的。

云的颜色也不会产生很大的差别。在云的上部，水以冰晶的形态存在。云的下部则是冰和液态水的混合物。云的颜色主要取决于该冰 / 水混合物和水滴的大小，而不是水分含量。

根据云所产生的雨量，可以推测出云的水分含量（参见英国多佛出版社和美国施普林格出版社出版的马塞尔·明纳尔特（Marcel Minnaert）撰写的《户外光和颜色的性质》）。

如果整个大气中水分饱和并以稳定流下落，则可产生 35 毫米左右的降雨，而最厚的云实际上只能产生大约 20 毫米的降雨。

大暴雨可产生 50 毫米或更多的降水，但这需要来自周围空气的额外

①编者注：如下面解释的那样，有一种大致的方法可以回答这个问题，并且给你的朋友留下深刻印象，如果你想要获得精确的答案，那么你还需要一个极佳的多普勒雷达系统和一大笔来自政府的资助。

水分，这也就意味着此类事件是局部化的。

最严重的大暴雨大约遵循下列方程式：毫米雨量 =6.5× 下雨分钟数的平方根。更典型的阵雨会以每分钟 0.1 毫米的速率产生几毫米的雨量。一般情况下，1 毫米雨量对应 1000 立方米的水，相当于每立方千米的云中含有 1000 吨的水分，而最厚的云可能是其 20 倍之多。

你还可以根据云的体积来估算其水分含量。按体积计，云中大约只有一百万分之一的部分是水，即 0.0001%。云的横截面积可根据其阴影测算。一朵长 500 米、宽 500 米、高 200 米的云体积为 2.5 千万立方米，其中大约 25 立方米是水，重量为 25 吨。即使你无法计算云中的精确水分含量，但这些数字仍然可以让你的朋友对你刮目相看。

A.

大卫·瑞查德

英国剑桥

很遗憾，仅仅通过观察云，并不能得知它的水分含量。云的颜色只取决于观察者相对云的位置和云的物理结构。云的外观大小则取决于它的高度，而这通常很难从单个观察点做出判断。

但是，了解云的水分含量对于准确预测天气预报十分重要。在英国，我们很幸运地拥有非常先进的测量仪器，比如科研委员会中心实验室理事会的奇尔波顿天文台（www.chilbolton.rl.ac.uk/camra.htm）所使用的多普勒雷达。

雷达射束的频率选择非常重要。如果射束和云中的水相互作用太强，发生反射或削弱信号的情况，那么雷达穿透云结构的能力就会受到限制。如果射束和云中的水相互作用太弱，那么就无法获得任何有用的信息。

奇尔波顿天文台所使用的多普勒雷达可以分析并提取多种数据，有效范围大约为 160 千米。它能够提供水滴密度、大小和速度的信息，并得知水滴是水还是冰。

读者们使用这个工具就可以精确得知云中的水分含量，并通过云的结构来断定下雨概率。温布尔登网球公开赛总是因倾盆大雨而中断，在过去几年中，人们运用这项技术来预测下雨概率，结果是非常有用的。

多普勒雷达有助于获取天气变化的详细信息，既能跟踪飓风，又能获得每日的天气预报并预测飞机飞行的湍流区域。

吐水作用

Q.

约翰·雷蒙·布莱克
英国纽卡斯尔

很多时候，我没有拉上帐篷上的风门拉链，当我还在睡袋中的时候，看见在夜间大量的露水滴落。如此靠近承载有露水的草，我常常注意到单滴露珠在草叶的末梢处占据明显不稳定的位置。它们是如何到达且停留在这里的呢？

A.

弗朗西斯·罗宾
澳大利亚昆士兰州 曼利

该过程被称为吐水作用。在叶子表面，有一些气孔或孔穴，经由这些气孔或孔穴，水通过蒸发而丧失。在夜间，气孔关闭，导致蒸发的下降。然后，水滴经由特殊的气孔或排水器，从叶子中逼出。沿叶子边沿或末梢可发现这些特殊的气孔。吐水作用被认为是高根压导致的。草通常把其叶子末梢的水逼出，如完全清醒的露营者注意到的那样。在土豆、西红柿和草莓的叶缘也会发生吐水作用。

A.

约翰·图莱特
英国爱丁堡

水滴来自吐水作用。植物根从土壤中提取无机离子，并把它们输送到木质部，从那里，它们不能漏回。通过渗透作用，水被内拉，在木质部产生正压。因为该压力，木质部汁液在草叶末梢处从孔穴（排水器）

中漏出（或直接来自叶子的切口或切头）。当水滴足够大时，它们下落，新的水滴形成。

吐水作用通常发生在夜间，这是因为在白天，叶子的水丧失一般足以维持木质部中的负压。有利于吐水作用的条件也有利于露营：明净的天空和微风，在白天温暖大地；在夜间冷却空气（从而增加相对湿度），让地面水分足以接受帐蓬桩。

一些有用的离子可能被排水器回收，根部木质部中的一些离子可能被韧皮部循环。与吐水作用类似，用钙来促进水果发育，其中断则是一个坏消息。例如，夜间温室中的干燥环境可阻止木质部中正压的聚集，水果（如西红柿）研发显示钙不足，表现为果顶软腐病。

A.

约翰·汤姆林森

英国沃里克郡 埃文河畔斯特拉特福

在 115 种植物家族的 330 多个种类中观察到吐水作用，它是由允许根部吸收但延迟蒸发这样的条件导致的。因此，较高的土壤温度有利于根部吸收，潮湿环境可延迟蒸发这样的状况更频繁出现在夜间，且在潮湿的热带区域最普遍。在气候温和区域的植物中，凤仙花容易呈现吐水作用。在热带植物野芋中，单片叶子一天可渗出 200 毫升的水。

第五章

麻烦的交通

保温材料

Q. **菲利普·威尔斯**
英国爱丁堡

最近，我在 −50°C 的温度下，以每小时 12000 米和 800 千米的速度飞行。凛冽的寒风应该会非常可怕，但幸运的是我在客机内。但是，舱室壁只有 10 厘米厚，它使用的是什么隔绝材料呢？我可以将同样的材料用在我海边的家中吗？

A. **阿兰·卡尔韦德**
英国赫特福德郡 彼谢普斯托夫

人们通常所说的由湍流引起的风寒一般是指过度暴露的人体皮肤表面蒸发和对流丧失热量。飞机设计者力求的光滑干燥金属上的层流，在传输热量方面的效率低得多。在 9000 米处，空气密度大约是海平面处的 1/3——飞机好像在真空瓶中飞行。

在每小时大于 500 千米的速度下，在飞机外表面有大量的摩擦热。协和式飞机部件在飞行中达到 200 °C，宇宙飞船在其返回地球的过程中外壳变得极为赤热。

载满乘客的飞行器内的人类新陈代谢功率密度（按瓦特 / 立方米计）比最小的房间中的要高出数百倍，光滑圆柱的表面积 − 体积比远低于不规则形状房间的表面积 − 体积比。

加压舱内的空气有温度调节并循环。从引擎可获得几百兆瓦的余热来驱动空调系统，因此，在飞行中维持舒适的舱室空气温度没有问题。诀窍是仅仅为舱室加上足够的塑料衬里，这样就不能触摸到任何冷金属，并用相当普通的、性能与房间壁类似的泡沫或纤维保温材料填满外壳之间的空穴。这样舱室里非常舒适，但是假定你们的设想是正确的：即飞行器部件会变冷，在长途飞行中，机身末端和后行李舱确实变得非常冷。

值得注意的是，停在地面上、关闭引擎的飞机并不会比未加热的大篷车更热。

A.

大卫·凯特

英国中洛锡安郡 达尔基斯

高海拔处飞机外的温度非常低，但飞行器外壳变得非常热。这些极端温度要求隔热，但是，除几个区域外（如：高于和低于乘客舱的区域），主要隔离考虑是隔音。

为了保护飞机内部免受引擎和风噪声的干扰，隔音比隔热考虑的要厚。使用的玻璃纤维棉絮材料具有非常小的纤维直径，以提供最佳的隔音效果。隔音层厚度通常不同，屋顶为12厘米，侧面为8厘米，地板为3厘米，在不同的飞机类型之间有明显的变化。飞机中使用的玻璃纤维类型特别轻，但是，人们可以获取类似的材料并普遍用于建筑物的隔热中。

机舱照明

米克·汤恩
美国华盛顿

当你走进飞机上的洗手间闩上门锁时，洗手间内的灯就会自动亮起。但灯是在你闩上门锁接通电路后，延迟几秒钟才会亮，这是为什么呢?

丹·施华士
美国新泽西州 月桂山

低功耗低功率的荧光照明设备需要花上几秒钟时间为管道供给能源，目的是形成跨越（或通过）照明器材中使用气体的电弧。这是因为用于建立电弧的少量汞需要加热到足以启动电离。

汞弧是在紫外范围的可见光谱外产生波长为 337.1 纳米的光，它在管道里的涂层激发管内涂层的原子。然后它们在可见范围内发射光子。发生该延迟是因为正在形成电弧。

和家庭、办公室里的现代荧光照明灯相比，由于电力供应不同，飞机上的 24 伏电路设备产生的能量较少，但需要点亮瞬时启动荧光灯的电压浪涌会产生严重的电压跌落，持续了几十毫秒过后，可能会对飞机上的其他设备造成严重破坏。这也就是灯有“缓启动”的原因。

登陆困难症

Q.

瑞查德·马修（9岁）

英国牛津

我上完一天的航海课程，回到家后仍然觉得房间在上下晃动，这是为什么呢?

A.

蒂芙斯·海恩和查尔斯·奥曼

美国芝加哥和美国剑桥

为了让你能够判断你所处的位置，你的大脑会结合多种渠道的信息，包括视觉、触觉、关节位置、内耳和内部期望。在大多数情况下，感官和内部期望是一致的。当它们相左时，运动估计就会模糊、不准确，这会导致失去平衡并诱发晕动病。

当人在船上发生晕船现象时，主要是因为运动的感觉输入和内部期望之间产生冲突。培养平衡能力是应对晕船现象的自然治愈：你已经习惯了船体的运动，并做好了准备相应调整你的姿势。当你终于上岸了之后，你可能会觉得你的身体还在这样反应，可能维持几个小时甚至几天的时间，你的房间好像也在移动，有时还会感觉到恶心。

一些不幸的人要经历数月甚至数年的持续性症状，这被称为登陆困难症。虽然人们并不知道为什么这些症状会持续这么久，但是它们是可以被治愈的。

并非只有航海才会导致运动错觉后遗症。有些在火车上过夜的旅客也表示过，他们在下了火车之后，仍能感觉到车轨的“咔嗒咔嗒”声。宇航员回到地球也经常会感到眩晕、恶心、走路困难和感官闪回等。一个人经历陌生运动的时间越长，他的后遗症症状就更加明显，持续的时间也更长。

轮胎花纹

G. 克鲁林
英国布里斯托尔

为什么汽车和摩托车轮胎制造商绞尽脑汁想出各不相同的轮胎花纹呢？每一次我看轮胎的时候，其设计似乎都不尽相同。为什么没有一个经过验证的标准花纹呢？

雷哈德·瑞丁
英国白金汉郡 温多弗

汽车轮胎花纹只有两种物理要求。它必须为加速和制动提供牵引力；它必须清除地表水使轮胎可以接触湿润的路面而不打滑，通常车辆在潮湿的地面会因失控而打滑。

一个简单的胎冠花纹块组对越野牵引至为重要，但是前后部分在柏油碎石路面会迅速磨损。在不增加整体磨损的情况下，带齿般的凹痕会增加额外的牵引力。但是，若使用不规则的花纹，定期间隔交叉轮胎的特点会产生巨大的噪声。

在中雨状态下，车速为每小时 100 千米时，汽车轮胎每秒替换 5 升水只是为了保持车与道路的联系。轮胎横向切面使水离地，然后水通过侧肋隧道向侧面喷射。

对于摩托车轮胎，胎面花纹的椭圆形横截面通过水自然横切，所以很少会打滑。

很显然，这些要求可以通过不同的花纹来实现。实际上，胎面花纹设计形态各异是由轮胎制造商的营销人员决定。

A. 安德瑞·德·布琳

美国加利福尼亚州 索诺玛

在1980年代后期，我从事三维计算机辅助设计及制造软件的工作，为顶级轮胎制造商做设计。

该软件允许设计人员设计以假乱真的轮胎图片，这些图片是以轮胎断面和胎面的二维图纸为基础。

设计人员告诉我这会给他们节省很多时间，因为每一年他们都设计了几百种图案，但大部分都被市场部拒绝，原因仅仅是因为它们的外表。轮胎花纹被描述成“不够性感”或者“不够阳刚”，需要重新再来。

只有当市场部对轮胎的概貌点头同意时，一组测试轮胎的轮胎花纹才可以进入生产阶段。因为模具的成本较高，这些花纹先用手工进行切割，然后再进行测试。

有经验的轮胎设计者很清楚如何使某种轮胎花纹能迎合给定的轮胎类型，因此他们能一次又一次提交令人惊奇的新颖的且各不相同的设计以满足市场部对新产品的诉求，并且在测试过程中表现良好。

船体移动

Q.

特瑞弗·基特森
新西兰梅西大学

假设一艘像英国皇家邮轮伊丽莎白女皇 2 号（QE2）一样的大型船舶自由漂浮在码头边，没有风或海流的作用力影响船体。如果我站在码头上，推动船的一边，它会动吗？哪怕是非常缓慢轻微的摆动？围绕船体周围所有水分子引起的摩擦力是否能够被更大的临界力所克服？

A.

肯·格林
英国康沃尔郡 廷塔杰尔

当我为乔治五世国王服兵役的时候，曾多次在你来信中所描述的情况下移动一艘驱逐舰。

埃塞克斯的哈里奇港潮水舒缓，微风拂过，我将肚子靠在一艘船的船缘立柱上，伸出双手穿过狭窄的缝隙，用力拉另一艘船上的船缘立柱。片刻后，我觉得我的努力好像不会有什么结果。但是慢慢的，我发现两船之间的距离开始减小，悄无声息地接近。最终两船保持接触状态。然后，我们把整个过程进行反转，在两船接近时推动另一艘船，结果两艘船都回到各自的初始位置。这个过程非常简单。

英国皇家邮轮伊丽莎白女皇 2 号（QE2）的船体稍大于皇家海军的驱逐舰，但我相信，两者唯一的区别在于移动船体时的所需时间。如果你有机会尝试拉动如此大型的船体，当然这不太可能，我会建议在拉动的过程中放松，不必屏住呼吸。

A. **约翰·庞森比**

英国柴郡 威姆斯洛

在没有风或海流的情况下，无需克服临界力就可移动船体。事实上，个人无需任何协助就能轻易移动大型船舶。这可以用动能（E）和动量的方程式来进行解释。

假设船舶重量为20000吨（$m = 2 \times 10^7$ 千克）。如果船舶给定速度为每秒1厘米（$v = 10^{-2}$ 米每秒），那么它的动能 E = % $mv2$=% $\times 2 \times 10^7 \times (10^{-2})^2 = 1000$ 焦耳。一千焦耳是一个非常容易达到的能量数值。它是一个51千克的男子爬上2米高的阶梯所耗费的能量。

船舶给定速度为每秒1厘米时，船的动量（质量 × 速度）$= 2 \times 10^7 \times 10^{-2} = 2 \times 10^5\text{N} \cdot \text{s}$。这个51千克的人可以用与其体重相等的力作用于船体400秒：$51 \times g \times 400 = 2 \times 10^5\text{N} \cdot \text{s}$，其中 g 是重力加速度 9.8ms^{-2}。如果用一根缆绳与船体相连，这个51千克的人站在缆绳另一端，那么这个人每下降2米，就可以使船体以每秒1厘米的速度移动。

事实上，当船舶处于运动状态时，同等质量的水也会以同样的速度运动。因此，上述假设计算出的动能和动量因为这一因素被低估。然而，主要的结论依然成立：一个人无需任何帮助就可以轻易移动一艘船。

A. **马可·韦图林·奥捷**

意大利比萨

船会移动。流体阻力没有静摩擦力上限。我们可以认为这些摩擦力与船的速度成正比。在速度为零的情况下，它们都接近于零。

所以推吧，祝你好运！

晴空湍流

Q.

布莱恩·杰克森
英国伯明翰

度假结束后，我乘坐一架大型客机返航。在航班飞行过程中，我们遇到了严重的湍流。食品和饮料都飞了出去，头顶的行李箱也因剧烈的晃动而打开了，乘客们不停地尖叫和哭泣，甚至连机务人员都惊慌起来，沿着过道爬行避难。飞机垂直下落大约5秒。当时有多危险？感觉好像飞机要从天空坠落。有谁曾经遇到过类似情景吗？

A.

特伦斯·霍利伍斯
法国布拉尼亚克

提问者曾经历严重的晴空湍流。飞行员看不到晴空湍流，它确实会导致飞机坠毁，尤其当飞机起飞后或着陆之前遇到晴空湍流，更是如此。据报道，自1981年以来，已经有超过350架飞机飞行过程中遭遇严重的空气湍流。它也被认为是造成飞行途中受伤的主要原因：在美国，每年因晴空湍流导致约60名乘客受伤，这就是为什么乘客乘机时，往往会被要求系好安全带。

引起晴空湍流主要有以下五个原因：①喷流；②其他飞机的尾迹；③高山上空的气流；④热气流及微下击暴流；⑤伴随雷暴雨云而生的逆流。以经历者对当时情况的描述分析，飞机当时可能遭遇了因喷流引起的晴空湍流。由于喷流通常在海拔40000英尺以上高度存在，当飞机进行长途飞行时，经常会选择在这一高度以下飞行，以尽量避开湍流区。

如果飞机在巡航高度遭遇逆流，飞机机翼会失去升力导致飞机突然下降。任何未固定的人或物都会与机舱顶部天花板相撞，受到不同程度的冲击，这通常会导致乘客受伤。当飞机飞出逆流区后，伴随一声巨响，机翼重新获得升力。机翼设计可承受 1.5g 负升力，2.5g 的正升力，升力超过设计承载能力的情况也会发生。

1966 年 3 月 5 日，晴空湍流导致了一场重大灾难事故。当日天气晴朗，英国海外航空公司 911 航班的飞行员决定绕道使乘客们有机会在飞机上俯瞰富士山的美景。但由于飞机离山体过近，强大的晴空湍流导致这架波音 707 客机机身解体。

还有一些其他的例子：因微下击暴流导致飞机着陆或起飞时坠毁。飞机进入飞行状态之前，并没有足够的高度进行机身姿态纠正。目前在美国，法律已对民用客机配备预测风切变的雷达进行了规定。这种雷达可以探测微下击暴流引起的水滴变化，对飞行员发出预警，以便及时避开。

图书在版编目（CIP）数据

《新科学家》怪谈 ：有谁吃黄蜂吗 /（英）米克奥黑尔主编 ；梁洋子翻译. -- 长沙 ：湖南科学技术出版社，2019. 11
ISBN 978-7-5710-0141-4

Ⅰ. ①新… Ⅱ. ①米… ②梁… Ⅲ. ①科学知识—普及读物 Ⅳ. ①Z228

中国版本图书馆 CIP 数据核字(2019)第 070929 号

XINKEXUEJIA GUAITAN YOU SHEI CHI HUANGFENG MA
《新科学家》怪谈 ：有谁吃黄蜂吗
编　　著：[英]米克·奥黑尔
译　　者：梁洋子
责任编辑：王　燕　李文瑶
出版发行：湖南科学技术出版社
社　　址：长沙市湘雅路 276 号
网　　址：http://www.hnstp.com
湖南科学技术出版社天猫旗舰店网址：
http://hnkjcbs.tmall.com
印　　刷：湖南省众鑫印务有限责任公司
（印装质量问题请直接与本厂联系）
厂　　址：长沙县榔梨镇保家村工业园
邮　　编：410129
版　　次：2019 年 1 1 月第 1 版
印　　次：2019 年 1 1 月第 1 次印刷
开　　本：880mm×1230mm 1/32
印　　张：5.125
书　　号：ISBN 978-7-5710-0141-4
定　　价：32.00 元